中国乡村治理机制问题研究

张月春 著

◎ 嘉应学院广东省原中央苏区研究中心资助

当代中国出版社
Contemporary China Publishing House

图书在版编目（CIP）数据

中国乡村治理机制问题研究 / 张月春著 . -- 北京：当代中国出版社 , 2024.6
ISBN 978-7-5154-1357-0

Ⅰ . ①中… Ⅱ . ①张… Ⅲ . ①乡村—社会管理—研究—中国 Ⅳ . ① D638

中国国家版本馆 CIP 数据核字（2024）第 066041 号

出版人	王　茵
责任编辑	袁又文　刘晓冰
责任校对	贾云华　康　莹
印刷监制	刘艳平
封面设计	鲁　娟
出版发行	当代中国出版社
地　　址	北京市地安门西大街旌勇里 8 号
网　　址	http://www.ddzg.net
邮政编码	100009
编辑部	（010）66572180
市场部	（010）66572281　66572157
印　　刷	中国电影出版社印刷厂
开　　本	710 毫米 ×1000 毫米　1/16
印　　张	11.75 印张　2 插页　173 千字
版　　次	2024 年 6 月第 1 版
印　　次	2024 年 6 月第 1 次印刷
定　　价	58.00 元

版权所有，翻版必究；如有印装质量问题，请拨打（010）66572159 联系出版部调换。

序

推进国家治理体系和治理能力现代化，是全面深化改革的重要目标任务，是坚持和完善中国特色社会主义制度、建设社会主义现代化强国的内在要求。乡村是国家治理的重要领域，乡村治理是国家治理的重要组成部分，事关乡村的秩序、活力和振兴。乡村治理与特定的乡村公共资源、乡村治理主体、乡村治理机制、乡村治理手段方式等相联系，是以乡村基层党组织为核心的多主体处理和解决乡村公共事务或乡村公共问题的实践活动，目的是实现乡村有序良性的发展。有效的乡村治理对实现乡村全面振兴和农业农村现代化具有重要意义。而有效的乡村治理在很大程度上取决于乡村治理机制的良性运行。乡村治理机制揭示的是乡村治理主体地位、作用及乡村公共资源的实际运行状态。良好的乡村治理机制，既能有效发挥乡村治理主体的功能作用，又能确保各治理主体的协调互动，实现乡村公共资源的合理有效配置，从而更好地完成治理任务。

历经多年的农业农村改革，我国的农业农村有了长足的发展，也发生了许多变化，这要求乡村治理机制要不断跟进。2006年中共中央一号文件首次提出完善乡村治理机制的任务，此后，不断完善乡村治理机制成为深化农业农村改革以及推进乡村治理现代化的重要环节。完善乡村治理机制必须坚持农村基层党组织的领导核心地位，实现乡镇政府、村民自治组织和乡村社会在乡村治理中彼此的有效衔接互动，"健全自治、法治、德治相结合的乡村治理体系"。完善乡村治理机制，推进乡村治理体系和治理能力现代化，就要把乡村治理机制看作由相互关联的若干子机制构成的整体，即由党组织领导的乡镇政府治理机制、村民自治机制和乡村社会自我调节机制构成的整体，要以优化乡村治理机制、形成多元共治模式为抓手，不断完善农村"三治"体系建设。

纵观全书，作者立足于中国特色社会主义理论和实践，以马克思主义理论尤其是习近平新时代中国特色社会主义思想为指导，坚持理论联系实际的原则，从系统研究文献和实地调研入手，从乡村治理现代化的高度，探究了乡村治理机制问题，体现一定创新性，具有一定的现实价值和理论上的启示。这在于，本书以翔实的材料既从一般意义上论述了乡村治理机制的内涵、要素和功能，又立足于我国实际，深入论述了以基层党组织为核心的乡村治理机制，并对进一步完善乡村治理机制提出富有建设性的建议，这对深入研究乡村治理问题有一定的促进作用。本书在具体实践层面有助于提高对乡村治理的认识，以利于推进乡村治理现代化，并发挥其在乡村振兴中的积极作用。本书对理论工作者和实践工作者都有一定的参考价值。

实践是认识的源泉，把研究的视角投向基层的乡村、广大民众，这是马克思主义理论工作者必有的担当，在这方面，年轻的理论工作者走在了前面。是为序。

原辽宁师范大学教授　马桂萍
2022 年 2 月 18 日

目 录

导 言

一、选题的缘由 / 001

二、研究的理论和实践意义 / 005

第一章
研究的理论基础

第一节　马克思主义关于农民问题的基本论述 / 008

一、马克思、恩格斯关于农民问题的基本观点 / 008

二、列宁关于农民问题的主要观点 / 012

三、中国共产党关于农民问题的主要论述 / 014

第二节　马克思主义社会治理思想简析 / 018

一、马克思、恩格斯关于社会治理的基本观点 / 018

二、列宁关于社会治理的基本论述 / 023

三、中国共产党关于社会治理的主要论述 / 026

第三节　治理理论、国家与社会关系理论及社会资本理论述析 / 031
 一、治理理论的基本观点 / 031
 二、国家与社会关系理论简析 / 034
 三、社会资本理论的主要观点 / 037

第二章
乡村治理机制的内涵、要素和功能

第一节　乡村治理机制相关概念的界定及内涵 / 041
 一、治理和乡村治理概念的界定 / 041
 二、机制与体制、制度的内在关联 / 043
 三、乡村治理机制的内涵 / 044

第二节　乡村治理机制的基本要素 / 046
 一、乡村治理主体分析 / 046
 二、乡村治理结构释析 / 051
 三、乡村治理的规则体系诠释 / 054

第三节　乡村治理机制的应然功能 / 058
 一、推动农村经济社会发展 / 058
 二、推进农村基层民主政治建设 / 060
 三、促进农村精神文明建设 / 061
 四、确保农村社会和谐稳定 / 063

第三章
以农村基层党组织为领导核心的乡村治理机制

第一节　农村基层党组织的领导核心地位 / 066
 一、农村基层党组织领导核心地位的历史与现实逻辑 / 066
 二、农村基层党组织领导核心地位的具体体现 / 070

第二节　乡镇政府治理的运行机理 / 073

一、乡镇政府的内部设置及职能 / 073

二、乡镇政府权力结构分析 / 075

三、乡镇政府治理中的关系结构 / 080

第三节　村民自治的运行机制 / 083

一、村民自治的组织载体 / 083

二、村民自治中的多重关系结构 / 086

三、村民自治的运行程序 / 090

第四节　乡村社会自我调节的机理 / 092

一、乡村社会自我调节的主体 / 092

二、乡村社会自我调节的制度保障 / 095

三、乡村社会自我调节的运作 / 097

第四章
乡村治理机制存在的问题及成因

第一节　乡村治理机制存在的问题 / 100

一、乡镇政府治理效能不高 / 100

二、村民自治运行有待增效 / 107

三、乡村社会自我调节功能有待增强 / 113

第二节　乡村治理机制存在问题的成因 / 115

一、县乡行政体制的弊端 / 116

二、农民主体意识不足 / 118

三、村民自治法制化水平有待提高 / 122

四、乡村社会组织发育缓慢 / 125

第五章
完善乡村治理机制的思路

第一节　优化以农村基层党组织为核心的乡村治理机制 / 129
　　一、凸显农村基层党组织在乡村治理机制中的领导核心地位 / 129
　　二、完善党领导下多元共治的乡村治理结构 / 133
　　三、健全乡村治理机制运行的相关制度 / 135

第二节　完善乡镇政府治理的关键问题 / 137
　　一、推进乡镇政府治理能力现代化 / 138
　　二、优化乡镇政府治理结构 / 143
　　三、完善有利于乡镇政府治理的制度 / 147

第三节　完善村民自治运行机制的着力点 / 148
　　一、发挥农民在村民自治中的主体作用 / 149
　　二、理顺村民自治中的多重关系 / 153
　　三、加强村民自治的法制建设 / 156

第四节　完善乡村社会自我调节的主要方向 / 158
　　一、加强乡村社会组织建设 / 158
　　二、整合乡村社会规范体系 / 160
　　三、完善乡村社会的自我调节机制 / 163

结　语 / 165

参考文献 / 168

乡村治理现状调查问卷 / 175

导 言

中国是典型的农业大国,"三农"问题一直以来都是影响中国经济社会发展的重要因素,尤其是农民问题解决得好坏与否,直接影响着农村乃至整个国家的经济和社会发展。为确保农民共享发展成果,党和国家适时提出了新农村建设以及实施乡村振兴战略。其中,乡村振兴的总体要求之一就是"治理有效"。但是,在不断推进新农村建设以及不断实现乡村振兴的实践过程中,还存在各种治理问题,严重影响了乡村振兴的顺利推进,有关乡村治理的研究成为热点,乡村治理机制的完善更被提上党和国家的重要议事日程。2013年中共中央一号文件明确提出要完善乡村治理机制,这是时隔7年之后党中央再次对完善乡村治理机制予以强调,随后几年的中央一号文件也都对乡村治理机制的完善和创新问题进行了详细论述。新形势下,思考如何完善乡村治理机制并探寻其规律,对推动整个国民经济和社会健康有序发展,无疑具有十分重要的意义。

一、选题的缘由

任何事物的发展变化都有其特定的原因,从历史的观点来看,我们在探寻某一事物发展规律的时候,一定要把该事物放到当时的历史背景中去研究。我们的理论研究不能脱离时代背景,对乡村治理机制的探讨不能远离当前中国乡村社会发展的实践。

第一,乡村治理问题的存在影响乡村振兴战略的顺利推进。2017年,党的十九大提出实施乡村振兴战略,其总体要求是"产业兴旺、生态宜居、乡风文明、治理有效、生活富裕"。推动乡村振兴是党和国家今后以及未来很长一段时期农村工作的重心,是党和国家为顺应时代要求、推动乡村发展而提出的目标定位，同时也成为乡村治理变革的内在要求和动力来源。习近平总书记强调，实施乡村振兴战略是一篇大文章，要统筹谋划，科学推进。"乡村振兴是包括产业振兴、人才振兴、文化振兴、生态振兴、组织振兴的全面振兴，是'五位一体'总体布局、'四个全面'战略布局在'三农'工作的体现。"①因此，任何一个环节上的问题，都将影响到乡村振兴目标的顺利实现。

近年来，农村改革和发展的实践表明，农村经济、政治、文化、社会、生态等多个层面都发生了很大变化，农民生活水平显著提高。应该说，中国乡村发展的这些成就为乡村振兴提供了历史性的契机，为"三农"问题的解决奠定了重要基础。然而，不可否认的是，中国乡村社会发展仍然存在许多矛盾和问题，尤其是在当前一些农村地区，其社会事业以及公共服务的水平不高，居民的收入差距有拉大的趋势，要改变这种状况依然任重而道远。此外，一些地方的农村基层组织建设落后、民主法制建设滞缓，因而，社会治理的任务依然繁重。2011年，华中师范大学农村研究院针对全国31个省270个村4794位农民进行的关于"农民政治参与"的调查结果显示，当前中国农民对政治的参与不够，主要体现为参与的人数较少，参与的形式有限，参与的程度不深，参与的积极性和能力欠缺。由于缺少了农民的参与和监督，新农村建设更多停留在村容村貌建设等方面，背离民意的政绩工程层出不穷，"乡风文明、管理民主"等方面建设却鲜少涉及，乡村社会发展的现状同社会主义新农村建设的目标要求呈现巨大反差。以上问题的存在势必会影响乡村治理的实效，进而影响农村经济社会发展。在这一背景下，探讨如何完善乡村治理机制，进一步推进乡村振兴战略的顺利实施就变得很有必要，成为摆在党和政府以及众多学者面前的重要任务。

第二，2006年，中国取消农业税后，乡村治理新问题的出现使得完善乡村治理机制被提上党和国家的议事日程，与此同时，也引发学界关注。20世纪80年代，中国农村展开了大规模的经济体制改革，这场改革

---

① 《习近平谈治国理政》第3卷，外文出版社2020年版，第259页。

引起乡村治理结构的变化，乡镇政府取代了原来的人民公社，农村生产队转变为村民委员会，实行村民自治。"乡政村治"治理模式的特点是政社分开、乡村分治。由于理顺了基层组织体系的权力边界，克服了人民公社时期"政社合一"的种种弊端，中国乡村治理体制机制适应了农村改革发展的需要，有力推动了中国农村基层民主政治建设。人民公社之后形成的"乡政村治"治理体制，在运行40年后，也面临诸多问题，尤其是村民自治的运行日益陷入瓶颈，村民委员会在实践中越来越成为乡镇政府的"一条腿"，村民自治形式化和行政化倾向日趋严重。

取消农业税后，乡村基层组织在财政基础、行为方式和权力结构等方面发生了较大变化。虽然政策设计的初衷是要解决村民自治发展进程中的一系列问题并使之更加完善，然而，从农业税取消后的乡村治理实践来看，以治理缺位为核心的新的治理困境不断凸显，县乡行政管理体制和财政管理体制不但造成乡村两级财政紧张、债务化解困难，影响了乡村公共问题的解决，更导致乡镇政府和村委会主要忙于应付来自上级的目标任务和考核压力，产生乡镇政府"悬浮"现象、乡村干部本着"不出事"原则的行为等，乡村治理从过度积极走向消极不作为，由此引发的乡村发展困境日趋显著，主要表现为：乡村社会公共服务不足，尤其是教育、医疗以及社会保障等同城市相差较大；乡村社会秩序存在不稳定因素；干群关系紧张，各类群体性事件频发等。2011年，中国农村研究院对全国31个省289个村庄的抽样调查结果显示，在219份有效样本中，超过5%的村庄发生过群体性事件，在另外228份有效样本中，共有147个村庄发生过纠纷事件，占比为64.5%。[①]

新时期乡村治理困境的根源在于乡村治理机制的局限，要解决乡村社会发展的诸多问题，就需要进一步思考乡村治理机制的运行及其存在的问题，重新理顺乡村治理主体之间的多重关系，健全乡村治理机制的各项制度，说到底就是要完善乡村治理机制。2014年中共中央一号文件提出，

---

① 徐勇、邓大才主编：《中国乡村政治与秩序》，中国社会科学出版社2012年版，第316—318页。

改善乡村治理机制，既要强化党组织的领导核心作用，又要完善和创新村民自治机制，进一步探索不同情况下村民自治的有效实现形式，还要深化行政体制改革、完善乡镇政府功能。2015年中共中央一号文件进一步明确要全面深化农村改革，创新和完善乡村治理机制。2016年中共中央一号文件继续强调创新和完善乡村治理机制，探索党组织领导的村民自治有效实现形式，完善多元共治的农村社区治理结构。2023年12月19日至20日，中央农村工作会议提出要提升乡村治理水平。[①] 以上这些方针、政策为当前的乡村治理机制指明了改革和发展的方向，同时也提出了创新和完善应遵循的基本原则。

第三，完善乡村治理机制是推进国家治理体系和治理能力现代化的题中应有之义。中共十八届三中全会提出，全面深化改革的总目标是推进国家治理体系和治理能力现代化，这是一种全新的政治理念，对中国政治发展来说意义重大。习近平强调，"国家治理体系和治理能力是一个国家制度和制度执行能力的集中体现"，"必须从各个领域推进国家治理体系和治理能力现代化"。[②] 国家治理体系是"在党领导下管理国家的制度体系，包括经济、政治、文化、社会、生态文明和党的建设等各领域体制机制、法律法规安排，也就是一整套紧密相连、相互协调的国家制度"[③]。国家治理体系和治理能力现代化的实现有赖于进一步解放思想，破除旧观念的束缚，有赖于顶层设计的战略谋划，有赖于对地方治理改革创新的及时总结，有赖于对阻碍社会进步的体制机制的坚决破除。国家治理体系的现代化，归根到底是体制机制的现代化和人的现代化，两者相比较而言，制度现代化更加具有根本性。因此，国家治理体系现代化的关键在于制度的破与立。乡村治理机制的完善，从根本上来说，也就是在探讨乡村治理规则体系的改革与创新，探寻如何通过制度的破与立来理顺乡村治理各主体间关系，最终实现国家政权和乡村社会力量的有效衔接和良性互动。从这个

---

① 《中央农村工作会议在京召开 习近平对"三农"工作作出重要指示》，《人民日报》2023年12月21日。
② 《习近平谈治国理政》，外文出版社2014年版，第91、92页。
③ 《十八大以来重要文献选编》（上），中央文献出版社2014年版，第548页。

角度来说，乡村治理机制的完善是国家治理体系现代化的重要组成部分，乡村治理机制的完善有助于推动国家治理体系和治理能力现代化的实现。此外，治理机制更多体现为工具理性，通过对现存乡村治理机制的分析和对完善乡村治理机制的思考，可以及时总结乡村治理中行之有效的政策、制度和行为，这些政治文明的优秀成果，无疑是国家治理体系现代化的重要来源之一。因此，推进国家治理体系和治理能力现代化，需要进一步完善乡村治理机制。

二、研究的理论和实践意义

农村是中国社会稳定的基础，农民问题是我国革命、建设和改革的基本问题，而农村的稳定与否又在很大程度上取决于农民问题解决的程度。乡村治理从根本上说就是要解决乡村社会公共问题，维护农民的利益。因此，乡村治理的优劣成为我们衡量乡村社会发展状况的一个重要标准，合理建构并良好运行的乡村治理机制有助于乡村善治目标的实现。所以，对乡村治理机制的构成要素、功能、运行现状、存在问题以及对策进行深入而系统的研究，具有重要的理论意义和现实意义。

第一，从理论上说，对乡村治理机制问题的研究，有助于我们形成对该问题的准确认识，并丰富和完善乡村治理理论。作为传统文明的发源地，乡村及其发展是我国现代化进程中不可逾越的站点，吸引了众多研究者的目光。从理论上探讨乡村治理主体间的关系及其调整，把握影响乡村治理的因素和资源，探寻有利于治理目标实现的乡村治理结构和机制，对深化和拓展有关中国乡村治理问题的研究，具有重要的理论意义。

1998年，"乡村治理"概念被提出之后，迅速成为研究的热点，众多学者对其进行了多层次、多视角的研究。由于中国乡村社会的非均衡性特征明显，加之农村问题的复杂性，使得学界对于乡村治理问题的具体把握呈现出百家争鸣、百花齐放之态势。作为党和政府重点考虑的现实问题，乡村治理的变革及乡镇政府改革成为学界关注的重点。但是，对于如何改革存在诸多分歧。这其中有虚化乡镇政府的县政、乡派、村治构想，有撤销乡镇政府实行社区性乡镇自治的主张，也有"官本位"体制向"民本位"

体制转变的设想。可以说，关于乡村治理变革及乡镇政府改革的呼声和讨论从来没有间断过，也从来没有统一过。如何协调乡村治理主体间的相互关系和相互作用，怎样完善乡村治理结构，可以挖掘哪些乡村治理资源等问题，依然是争论颇多的学术性难题，围绕这些问题展开的各种研究仍将继续，乡村治理理论有待进一步丰富和完善。研究乡村治理机制及其相关问题，对目前中国特色的治理理论具有一定的抛砖引玉的价值。

第二，从实践上说，对乡村治理机制问题进行研究，能为党和国家制定相关政策提供参考性意见，并通过这些政策的贯彻落实进一步推动乡村振兴，促进农村和谐社会建设，推进农村基层民主政治建设。

首先，对乡村治理机制的研究有助于乡村振兴战略的顺利推进。乡村振兴是一项宏大的系统工程，其内涵是全方位的，需要方方面面的共同协调发展。只有农业现代化水平不断提高，农村经济社会不断健康发展，农民逐渐过上美好生活，乡村振兴才指日可待。而这一切固然离不开国家的资金和政策支持，但更有赖于良好的乡村治理为其提供稳定环境。因此可以说，乡村治理机制的完善成为乡村振兴战略顺利推进的重要前提和保证：乡村振兴过程中产生的各种问题的解决，离不开农民主体作用的发挥，离不开基层政府职能的依法全面履行，离不开以乡村社会组织为代表的社会力量的积极参与和协同治理，所有这一切都指向一个问题，那就是如何完善乡村治理机制，使之更好发挥功效；乡村振兴战略的核心目标之一就是治理有效，因此，乡村善治就成为乡村振兴的重要任务，而这一任务能否顺利完成则取决于乡村治理机制的完善与否。本书研究直接指向当前中国乡村治理机制的完善，因此，可以为乡村振兴战略的顺利推进添砖加瓦。

其次，对乡村治理机制的研究有助于促进农村社会和谐。本书以乡村治理主体间关系协调及相互作用调整为主要视角探讨了乡村治理机制的完善问题，从这个意义上说，将有助于促进农村和谐社会的建设。一是通过对当前乡村治理机制运行现状的阐释，可以发现乡村治理机制在运行过程中存在哪些需要解决的问题，以便在具体完善乡村治理机制的过程中有的放矢。例如，针对乡镇政府治理效能不高的问题，可以强调乡镇政府在公共事务处理中的法定公共性角色,强调依法行政和阳光行政,增强其对公共事务的应对能力和服务能力,从而在更大程度上赢得农民的支持和拥护,这有助于维系基层政府和农民群众的和谐关系。二是通过从理论上探讨如何完善乡村治理机制,也能在实践中打破阻碍农民参与政治的种种限制,充分发挥他们的主体作用,给予乡村社会组织巨大的发展空间,弥补当前基层政府治理能力弱化和社会主义新农村建设内生力量不足的缺陷,形成基层政权和乡村社会力量的良性互动,从而为农村和谐社会的构建奠定坚实的基础。

最后,对乡村治理机制的研究有助于进一步推进农村基层民主政治建设。农村基层民主政治建设作为社会主义民主政治建设的重要组成部分,在社会主义现代化建设中占有重要的地位,党和国家历来重视农村基层民主的发展,强调健全基层民主制度。从农村改革40多年的发展历程来看,在党的领导下,农村基层民主政治建设取得了显著成绩,村民自治有力地推动了农村基层民主的发展。然而,近年来乡村治理的实践表明,村民自治在运行中也出现了一系列问题,制约了自治组织功能的发挥。因此,需要优化村民自治的运行环境,进一步探索村民自治的有效实现形式,使其重新焕发活力。本书针对村民自治的运行机制、存在的问题及成因进行了详细的实证分析,提出的对策不但能为乡镇政府治理范式的转换提供实践上的参考,更能为党和国家解决乡村治理问题、推进农村基层民主政治建设提供决策参考。

张月春
2024 年 4 月

第一章

研究的理论基础

研究乡村治理机制，主要探讨的是如何协调好乡村治理各个主体间的关系，以求最大限度地发挥治理功效。因此，马克思主义关于农民问题和社会治理的主要思想观点以及其他社会科学中相关理论的基本观点，就成为本书研究的理论基础。

第一节 马克思主义关于农民问题的基本论述

农民问题事关中国特色社会主义事业发展的全局，更影响着中国乡村社会的稳定发展，要解决农民问题，需要重温马克思主义关于农民问题的基本论述，因此，在新时期重新梳理马克思主义农民观，无疑具有重要的启发意义。

一、马克思、恩格斯关于农民问题的基本观点

马克思、恩格斯关于农民问题的论述主要是围绕两条主线展开的，即工业化和无产阶级革命。在马克思、恩格斯所生活的时代，农民的力量还没有壮大到可以作为独立的革命力量存在，因而，马克思、恩格斯对农民问题的论述主要散见于他们留下的文献当中。总的来说，马克思、恩格斯关于农民问题的主要思想观点集中于以下几个方面。

第一，马克思、恩格斯认真分析了农民的阶级性质和特点。马克思认为，在资本主义条件下，农民阶级是一个兼具保守性和革命性的阶级。首先，农民阶级具有保守性，他们很难作为独立的阶级从事革命运动，一般需要通过追随其他阶级来实现自己的利益，这是由农民阶级自身劳动的孤

立性、土地的分散性和地域的隔绝性特点决定的。马克思指出:"各个小农彼此间只存在地域的联系,他们利益的同一性并不使他们彼此间形成共同关系,形成全国性的联系,形成政治组织,就这一点而言,他们又不是一个阶级。"[①] 对于农民来说,他们既不能代表自己,又不能保护本阶级的利益,因此,必须依靠别的阶级来代表他们。在马克思、恩格斯看来,农民要维护自身利益,因此有时候是保守的。马克思、恩格斯在《共产党宣言》中明确指出:"中间等级,即小工业家、小商人、手工业者、农民,他们同资产阶级作斗争,都是为了维护他们这种中间等级的生存,以免于灭亡。所以,他们不是革命的,而是保守的。不仅如此,他们甚至是反动的,因为他们力图使历史的车轮倒转。"[②] 其次,农民又具有革命性的一面,特别是随着农民阶级内部结构的分化,小农地位的低落和经济上的贫困使其日益革命化,农民的革命性也日益增强。恩格斯在撰写《德国的革命和反革命》时特别将德国的农民阶级划分成不同的部分,即富裕的农民(也称大农和中农)、小自由农、封建佃农以及农业工人,恩格斯认为,后三类农民(包括小自由农、封建佃农、农业工人)在革命开始以前是不关心政治的,如今革命对于他们中的每一个人都有利,因此,一旦革命开始他们就会陆续参加。

第二,马克思、恩格斯提出建立工农联盟。马克思、恩格斯认为,只有建立无产阶级政权,才能提高农民的地位,改善他们的经济状况。在他们看来,农民和工业无产阶级同样受到资本的剥削,只不过被剥削的形式不同罢了,因此他们提出要建立工农联盟。1850年,马克思在《共产主义者同盟中央委员会告同盟书》中强调:"正如民主派同农民联合起来那样,工人应当同农村无产阶级联合起来。"[③] 马克思认为,在那些工人阶级人数较少远没有构成人民多数而农民成为生产和政治重要力量的国家,无产阶级必须依靠农民的支持来取得革命的胜利,"在革命进程把站在无产阶级与资产阶级之间的国民大众即农民和小资产者发动起来反对资产阶级

---

① 《马克思恩格斯选集》第1卷,人民出版社2012年版,第762页。
② 《马克思恩格斯选集》第1卷,人民出版社2012年版,第411页。
③ 《马克思恩格斯选集》第1卷,人民出版社2012年版,第562页。

制度，反对资本统治以前，在革命进程迫使他们承认无产阶级是自己的先锋队而靠拢它以前，法国的工人们是不能前进一步，不能丝毫触动资产阶级制度的"①。此后，马克思、恩格斯又多次强调工农联盟的重要性。1871年，在总结巴黎公社失败原因的时候，马克思、恩格斯提出，公社失败的主要原因有两个：一是没有正确认识工农联盟的重要意义；二是没有得到广大农民的支持。

首先，马克思、恩格斯着重论述了工农联盟的具体内涵。马克思、恩格斯在对英国、法国和德国革命进行研究时发现，农民阶级在现代化的进程中会不断趋于消亡，并且在漫长的消亡过程中，首先出现的是农民阶级内部的阶层分化。由于不同阶层、不同类型农民的经济地位不同，决定了他们的政治态度也各不相同，工人阶级需要采取阶层分析的方法，具体鉴别并明确自己的同盟者，尽可能采取各种措施争取同盟者的支持。恩格斯在《德国农民战争》1870年第二版序言中谈到，由于工人阶级还没有构成德国人民的多数，因此它只能依靠同盟者，而且只能在"小资产者、城市流氓无产阶级、小农和农业短工"②中间寻找同盟者。在恩格斯看来，小资产者极不可靠，流氓无产阶级是由堕落分子构成的糟粕，而大农属于资产阶级，这些人都不可能成为工人阶级坚定的同盟者。小农中的封建农民、佃农和小块土地经营者，因为他们的生存现状窘迫，只能依靠工人阶级来获得救赎，因而可以成为工人阶级的同盟者。恩格斯认为，工人阶级在农村所能找到的人数最多的天然同盟者是以农业短工为代表的农业无产阶级，要唤起这个阶级并吸引它参加运动。

其次，马克思、恩格斯设想了工农联盟建立后对待农民的政策。马克思认为，无产阶级要正确认识并处理好农民问题，其原因就在于：农民革命意志的坚定与否直接关系着无产阶级革命的成败。为了巩固工农联盟，马克思、恩格斯提出，工人阶级及其政党在取得政权之后应该建立能保护农民利益的政府，不可暴力剥夺小农。为此，工人阶级政党必须深入农

---

① 《马克思恩格斯选集》第1卷，人民出版社2012年版，第455页。
② 《马克思恩格斯选集》第3卷，人民出版社2012年版，第29页。

村，充分了解农民的利益和要求，并采取有针对性的措施。恩格斯在《法德农民问题》一文中针对农村居民的不同组成部分进行了详细分析，他认为，社会民主党能不能争取到这些农民，关键在于其为农民利益而提的要求，在恩格斯看来，要解决农民问题，首先就要解决农民最为关心的土地问题，也就是要制定符合农民利益要求的土地政策和纲领。在这篇文章中，恩格斯对南特纲领进行了批判，认为其犯了三方面错误：保护小土地私有制违背了社会主义原则，允许雇佣劳动等同于将侵犯农民利益的行为合法化，主张联合一切成分必将对真正革命的那部分农民的利益构成潜在威胁。在此基础上，恩格斯指出："同样明显的是，当我们掌握了国家政权的时候，我们决不会考虑用暴力去剥夺小农（不论有无赔偿，都是一样）……我们对于小农的任务，首先是把他们的私人生产和私人占有变为合作社的生产和占有，不是采用暴力，而是通过示范和为此提供社会帮助。"[①] 恩格斯在《法德农民问题》中不但对维护农民利益的重要意义给予很大关注，更对如何维护农民利益进行了科学设计，即实行农业规模经营和多种经营，将农民组织起来，发挥农民合作社的积极作用。

第三，马克思、恩格斯对农民的生存状况给予了极大关注。可以说，马克思、恩格斯关于农民问题的思想萌芽于对农民利益和贫困问题的关注。在《关于林木盗窃法的辩论》这篇文章中，马克思首先痛斥了那些用来对付贫民的各种残酷的惩罚，接着又讨论了省议会如何利用手中的权力为自己谋取私利，坚决要求为穷苦农民保留某些习惯权利。在另一篇文章《摩塞尔记者的辩护》中，马克思开始关注农民贫困问题。在考察了摩塞尔河沿岸农民的具体处境之后，马克思认定该地区农民的贫困状况同普鲁士政府的政策密切相关，他强调必须要区分清楚国家状况和私人状况。可以说，对农民处境的关注推动马克思由单纯的政治研究转向经济关系研究，转向对社会历史发展客观规律的探索，并最终走向社会主义。

虽然马克思、恩格斯对农民问题的讨论离不开资本主义社会这一基本的社会环境，但其中的很多思想至今看来依然具有鲜明的实践价值，对当

[①] 《马克思恩格斯选集》第4卷，人民出版社2012年版，第370页。

前我国正在进行的乡村治理机制的完善具有重大的指导意义。

二、列宁关于农民问题的主要观点

在领导俄国革命和建设的过程中，列宁一直特别关注农民问题，并将农民问题作为影响俄国发展的重点和核心问题对待。列宁对农民问题的阐释一方面继承了马克思、恩格斯关于农民问题论述的精髓，另一方面又随着实践的变化不断地丰富和发展。

第一，列宁对农民阶级性质的认识和分析。列宁继承了马克思、恩格斯对农民阶级二重性的认识，他认为，农民是一个具有二重性的特殊阶级，一方面农民阶级是劳动者，是被剥削的对象；另一方面农民又作为私有者和半投机者在无产阶级和资产阶级之间摇摆不定。"农民和任何小资产阶级一样，在无产阶级专政下也处于中间地位：一方面，他们是由劳动者要求摆脱地主资本家压迫的共同利益联合起来的、人数相当多的（在落后的俄国是极多的）劳动群众；另一方面，他们又是单独的小业主、小私有者、小商人。这样的经济地位必然使他们在无产阶级与资产阶级之间摇摆不定。"[①]列宁因此得出结论：在建立苏维埃政权之后，需要通过无产阶级专政来克服农民阶级二重性的缺陷。

第二，列宁深入阐述了农民与工人阶级联盟的思想。列宁认为，工人阶级同农民的关系问题是社会主义革命过程中最重大的问题之一，要取得社会主义革命的胜利，工人阶级必须同农民结成联盟，必须保证联盟的牢不可破，并且在完成初步形式的军事联盟之后，最终需要靠经济联盟来维持和巩固。

首先，列宁论述了农民与工人阶级结盟的必要性。列宁认为，从农民角度来看，只有同工人阶级结成牢固的联盟才能摆脱帝国主义的屠杀，才能避免资本主义世界中的野蛮矛盾；而从工人阶级的角度来说，要取得社会主义革命的胜利，要排除内忧外患并保持住国家政权，必须与人数众多的农民结成联盟。"当时只有把无产阶级和农民都包括进来的革命，才能

---

① 《列宁选集》第 4 卷，人民出版社 2012 年版，第 67 页。

成为真正把大多数吸引到运动中来的'人民'革命。"列宁进一步强调:"而没有这个联盟,民主就不稳固,社会主义改造就没有可能。"①

其次,列宁讨论了农民与工人阶级结盟的可能性。列宁在认真分析俄国农民的处境之后提出,俄国农民所受压迫和剥削比较深重,因而也表现出了较强的革命性,"在贫苦农民空前贫困和破产的情况下,存在着徭役经济的大量残余和农奴制的各种残余,这充分说明了农民革命运动的泉源之深,农民群众革命性的根基之深"②。在列宁看来,工人阶级同广大被剥削劳动人民的根本利益没有相悖之处——两个阶级都是人民,都同样受到官僚军事国家机器的压迫和剥削,都有打碎和摧毁这个机器的要求,社会主义恰恰能够满足两方面的利益,因此"无产者同被剥削劳动农民之间的'真诚的联合'是可能的,也是必要的"③。

第三,列宁还阐述了如何对待农民的政策。列宁对农民问题的认识随着革命和建设实践的变化而变化,从十月革命前到国内战争时期再到新经济政策时期,每一次列宁对农民政策的调整,都是在分析了那一时期农民参加革命和建设的态度之后作出的,每一次新的认识和观念都是对他以往思想的否定,不过他始终认为,只有正确认识农民并采取正确的应对策略,无产阶级革命和建设才能取得关键性的胜利。有两点需要特别提出:一是列宁对待中农的政策经历了从中立到团结的调整,二是列宁特别强调了同农民经济的结合以及满足农民的需要。列宁指出:"至于胜利的第二部分,即用非共产党人的手来建设共产主义,切实做好经济上非做不可的事情,那就是要找到同农民经济的结合,满足农民的需要,让农民说:'不管饥饿多么难受,多么痛苦,多么严重,但我看到,尽管对这个政权不习惯,尽管它很特别,但它带来了实际的、确实可以感觉到的好处。'"④通过对处理农民问题的经验和教训的总结,列宁继承了马克思、恩格斯的不可剥夺小农思想,使马克思、恩格斯关于农民问题的理论观点同俄国革命

---

① 《列宁选集》第3卷,人民出版社2012年版,第145页。
② 《列宁选集》第1卷,人民出版社2012年版,第160页。
③ 《列宁选集》第3卷,人民出版社2012年版,第360页。
④ 《列宁选集》第4卷,人民出版社2012年版,第683页。

和建设实践相结合。

三、中国共产党关于农民问题的主要论述

中国共产党在领导中国革命和建设的实践过程中,将马克思主义有关农民问题的基本观点同中国具体实际相结合,形成了中国化的马克思主义农民观,这一农民观是对马克思主义经典作家农民思想的继承、丰富和发展,对中国革命、建设和改革的顺利推进有着巨大的指导意义。

第一,中国共产党在实践中明确了农民的主体地位。农民问题是影响中国革命和建设的重要因素,对于农民的重要地位,共产党人有着清醒的认识,从毛泽东、邓小平到江泽民再到胡锦涛直至习近平,几代中国共产党人无一例外地都把农民问题置于党和国家的工作全局中加以认识,明确了农民的主体地位。

首先,毛泽东充分肯定农民阶级在新民主主义革命中的重要地位,提出了农民阶级是中国革命的主力军。毛泽东对马克思主义农民理论的最大突破在于提出了革命动力论,他立足于近现代中国的具体国情,在对中国社会各阶级尤其是农民阶级进行了全面、立体而详尽的调查和分析之后,提出中国农民不但是民主革命的动力,更是主要动力和主力军。毛泽东认为,中国农民深受帝国主义、封建主义和官僚资本主义的三重压迫,具有革命性,而且中国农民的数量庞大,其聚集起来的力量也是异常迅猛,可以战胜一切反动力量。在毛泽东看来,中国农民所受压迫越重,其革命性越强。此外,中国农民占人口的绝大多数,可以为中国革命提供源源不断的动力,成为中国革命用之不竭的动力源泉。毛泽东完整地表达这一思想是在1939年12月的《中国革命和中国共产党》一文中,他指出:"中国的贫农,连同雇农在内,约占农村人口百分之七十。贫农是没有土地或土地不足的广大的农民群众,是农村中的半无产阶级,是中国革命的最广大的动力,是无产阶级的天然的和最可靠的同盟者,是中国革命队伍的主力军。"[①] 毛泽东关于农民是中国革命主力军的革命动力论是立体的,是在阶

---

① 《毛泽东选集》第2卷,人民出版社1991年版,第643页。

级、阶层划分的基础上，按照相对经济生活的贫富差异来判断农民革命性的有无或高低的。在形势不断变化的革命过程中，毛泽东关于新民主主义革命动力的论述时有变化，但农民是革命的主要动力和主力军的思想贯穿始终，从未改变。

其次，邓小平肯定了农民在改革开放和社会主义现代化建设中的重要地位和作用。邓小平对中国农民问题极为关注，他认为，农民问题是我国革命和建设的根本问题，中国的革命和建设能否成功，主要取决于能否处理好农民问题。作为中国改革开放的总设计师，邓小平将农民问题与社会主义现代化建设紧密联系，他认为，农民问题处理的好坏不但直接影响着社会主义制度优越性能否充分体现，更关系着整个国家和社会的稳定与否。邓小平指出："农村人口占我国人口的百分之八十，农村不稳定，整个政治局势就不稳定，农民没有摆脱贫困，就是我国没有摆脱贫困。"[①] 邓小平还进一步提出，在中国这样一个农业人口大国搞现代化建设，农民是重要的生力军，他多次强调，农民推动了农业发展，增加了农产品供应，并投身于城市建设，为我国国民经济和现代化建设作出了重要贡献。

再次，江泽民强调重视农民问题，认为什么时候我们党把农民问题解决好了，就能调动农民的积极性、主动性和创造性，就能确保革命、建设和改革顺利进行、蓬勃发展。

最后，进入21世纪后，中国共产党继续高度重视农民问题，认为农民问题不但是党执政地位巩固与否的重要影响因素，更是影响社会主义现代化建设事业大局的重大的经济和政治问题，这一问题关系着国家的长治久安，成为新时期影响国家经济社会发展的关键因素，因此，必须要从全面建成小康社会和构建社会主义和谐社会这一大局出发，深入研究新时期农民问题的新特点、新动向。自2004年至今，中共中央国务院连续13年发布以"三农"为主题的一号文件，针对在社会主义现代化建设不同时期出现的影响"三农"工作的新问题新情况作出相应指示。中共中央一号文件的发布表明，我们的党将解决好"三农"问题置于社会主义现代化建设

---

① 《邓小平文选》第3卷，人民出版社1993年版，第237页。

的特殊重要地位。随着共产党人对农民在现代化建设中的重要地位的认识不断深化,"三农"问题被置于全党工作的重中之重,党对农民问题的认识上升到了新的理论高度。

第二,在社会主义现代化建设的新时期,中国共产党强调要维护和保障农民利益,充分调动农民积极性。中国共产党人深刻认识到,农民是推动中国革命和社会主义现代化建设事业最终取得成功的最强大动力。今天,农民问题解决得好坏,直接影响着国家和社会的稳定与否,因此,必须要维护和保障农民的根本利益。

首先,注重对农民物质利益的维护。早在新民主主义革命时期,毛泽东就深刻意识到,土地是农民问题的核心,要调动农民参加革命的积极性,关键在于满足农民对土地的强烈要求,因此,毛泽东在不同时期制定了不同的土地政策,通过解决农民土地问题,调动了农民参加革命的积极性。邓小平更加重视对农民利益的保护,主张通过农村经济的改革开放调动8亿农民的积极性。他不但充分肯定农民对物质利益追求的合理性,更把农民积极性的调动同农民物质利益的有效满足紧密结合起来,提出了按劳分配、多劳多得的分配方式,允许一部分农民通过辛勤劳动率先致富。随着对农民问题的认识不断深入,中国共产党越来越意识到,农民收入能否持续增加直接关系到农村小康社会能否全面建成,是一个带有全局性的问题,做好农民工作的本质要求就是要千方百计增加农民收入,改善农民生活水平。胡锦涛多次强调,要把增加农民收入作为"三农"工作的中心任务来抓,提出坚持多予、少取、放活的方针,建立健全促进农民收入持续增长的长效机制。中共十八大以来,党中央继续加大强农惠农富农政策的实施力度,设法增加农民收入,保持农民收入持续快速增长。2012年12月,习近平在河北省考察扶贫工作时讲话强调,共同富裕是社会主义的本质,一定要做好农村地区尤其革命老区的扶贫工作。在习近平看来,农民能不能致富关键看农村干部,因此他强调,农村基层的干部一定要将党和国家的各项惠农富农政策落实好。习近平指出:"各级党委和政府要把帮助困难群众特别是革命老区、贫困地区的困难群众脱贫致富摆在更加突出位置,因地制宜、科学规划、分类指导、因势利导,各项扶持政策要进一步向革命老区、贫困地区倾斜"①。

其次,注重保障农民的民主权利。调动农民积极性,首先就要给予农民一定程度的自主权,尊重农民自己的选择。毛泽东根据革命和建设的需要,为了调动农民更好地参加革命和新中国建设,既着重解决农民密切关心的土地问题,同时又强调对农民进行思想政治和科学文化教育,确保教学内容、形式和时间符合农民的需要和实际。改革开放以来,党中央充分尊重农民的创造精神,对其在农村改革实践中推出的家庭联产责任制和乡镇企业等伟大创造给予了高度评价。调动农民的积极性,除了在经济上充分关心农民的物质利益,更要在政治上切实保障他们的民主权利。邓小平指出:"把权力下放给基层和人民,在农村就是下放给农民,这就是最大的民主。我们讲社会主义民主,这就是一个重要内容。"②经济体制改革需要同政治体制改革相配合,因此,为了促进农村经济体制改革,就需要扩大农村基层民主,在农村基层实行民主选举、民主决策、民主管理和民主监督。胡锦涛认为,基层民主是人民当家作主最有效、最广泛的实现途径,必须作为发展社会主义民主政治的基础性工程重点推进,落实到农村就是要扩大农村基层民主,搞好村民自治,开展普法教育,确保广大农民群众依法行使当家作主的权利。他强调要"深化乡镇机构改革,加强基层政权建设,完善政务公开、村务公开等制度,实现政府行政管理与基层群众自治有效衔接和良性互动"③。中共十八大以来,以习近平同志为核心的党中央更加重视对农民民主权利的保障,强调要不断推进农村基层民主政治建设,健全基层民主制度。2014年中共中央一号文件提出要健全农村基层民主制度,"深入推进村务公开、政务公开和党务公开,实现村民自治制度化和规范化"④。

通过对马克思主义农民观的梳理,我们可以发现,农民是无产阶级可

---

① 《习近平谈治国理政》,外文出版社 2014 年版,第 190 页。
② 《邓小平文选》第 3 卷,人民出版社 1993 年版,第 252 页。
③ 《十七大以来重要文献选编》(上),中央文献出版社 2009 年版,第 24 页。
④ 《中共中央国务院关于"三农"工作的一号文件汇编(1982—2014)》,人民出版社 2014 年版,第 289 页。

以信任和依赖的同盟者，更是推动社会发展的主要动力。新形势下完善乡村治理机制必须要照顾到农民方方面面的利益需求，做到情为民所系，利为民所谋。

第二节 马克思主义社会治理思想简析

完善乡村治理机制，离不开科学理论的指导，马克思主义关于社会治理的思想不仅为社会治理体制机制的创新以及国家治理体系和治理能力现代化的推进提供了坚实的理论基础，而且也为乡村治理机制的完善指明了方向。在新形势下，认真学习马克思主义关于社会治理的基本思想，无疑具有重要的理论和实践意义。

一、马克思、恩格斯关于社会治理的基本观点

马克思、恩格斯没有对社会治理问题作出全面系统的论述，但在《法兰西内战》《资本论》《德意志意识形态》《共产党宣言》《反杜林论》等著作中阐述了他们对社会治理的基本认识。可以说，马克思、恩格斯关于社会治理的论述是融入他们对资本主义社会批判和对巴黎公社经验总结当中的。

第一，马克思、恩格斯阐述了社会治理的基本性质。虽然马克思、恩格斯并没有对"社会治理"给出明确的定义，但在相关论述中逐步阐明了社会治理的基本性质。可以说，马克思、恩格斯关于社会治理基本性质的论述，是蕴含在其国家观以及对现实社会的批判之中的。

首先，马克思、恩格斯认为，社会治理是国家应该具有的双重职能之一。马克思、恩格斯对影响国家起源和阶级统治的各项因素进行了详细分析，提出社会治理和政治统治是国家具有的两种基本职能，并且二者互为前提，彼此依存。一是，社会治理是政治统治得以维持的基本条件，无论哪一种类型的政府，都必须对社会治理这一基本职能加以重视，政府履行以关心民生为主要内容和特征的治理职能，对维护社会稳定和政治统治具有十分重要的意义。马克思认为，一切的政治权力都要以某种经济的、社会的职能为基础，对此，恩格斯深表赞同，他在《反杜林论》中明确指出：

"政治统治到处都是以执行某种社会职能为基础，而且政治统治只有在它执行了它的这种社会职能时才能持续下去。"[1] 二是，良好的政治统治又是社会治理职能正常实施的保障，在马克思、恩格斯看来，社会治理职能总是要在国家政治统治之下实施，尤其是当社会矛盾激化从而导致阶级矛盾不可调和时，国家就必须通过政治统治来维持秩序，实施管理活动。

其次，马克思、恩格斯论述了社会治理性质由政治性、阶级性向公共服务性的转变。在马克思、恩格斯早期的著作中，国家概念的使用并非主要与社会治理相联系，而更多从政治统治和阶级压迫角度展开分析，马克思、恩格斯认为，在阶级社会，国家维护的是统治阶级的利益，其对公共事务的治理具有明显的政治性和阶级性。恩格斯在《反杜林论》中指出："社会分为享有特权的和受歧视的阶级，剥削的和被剥削的阶级，统治的和被统治的阶级，而同一氏族的各个公社自然形成的集团最初只是为了维护共同利益（例如在东方是灌溉）、为了抵御外敌而发展成的国家，从此也就同样具有了这样的职能：用暴力对付被统治阶级，维持统治阶级的生活条件和统治条件。"[2] 在马克思、恩格斯看来，建立在生产资料私有制基础上的资本主义社会治理是维护阶级统治的工具，随着生产资料向社会公有转变，公共权力就会失去政治本性，社会治理也必将恢复其公共服务的本来面目。

最后，马克思、恩格斯认为，社会治理的发展源于对公共利益维护的需求。马克思、恩格斯的社会治理思想是以公共权力的产生为起点的，在他们看来，公共权力是对社会公共事务进行管理的权力，如果没有公共权力和公共管理，人便不能组织成为社会，而公共权力产生的根源就是对社会成员公共利益的维护。马克思、恩格斯认为，原始社会公共利益的维护由履行"宗教职能"的个别社会治理者完成，到了阶级社会，由于劳动者并没有多余的时间来处理社会公共事务，因而必然要有一个"脱离实际劳动的特殊阶级"来从事这些公共事务，这一特殊阶级就逐渐演变成社会治

---

[1] 《马克思恩格斯选集》第3卷，人民出版社2012年版，第559—560页。
[2] 《马克思恩格斯选集》第3卷，人民出版社2012年版，第526—527页。

理者阶层。马克思、恩格斯进一步提出，为了应对社会利益关系的复杂化，还需要建立一种能够"保护共同利益"和"防止相互抵触的利益"的治理机构，这一机构就是国家政权的雏形。社会治理由专门的治理人员和治理机构来执行，将有助于维护和实现社会公共利益。

第二，马克思、恩格斯提出了社会治理的核心主体。在分析社会发展具体阶段的过程中，马克思、恩格斯对社会治理的主体进行了分析，认为在原始社会负责执行治理职能的是社会自身，进入阶级社会以后，社会治理职能主要由国家来承担，国家消亡后，社会治理的职能由"自由人联合体"执行，社会达成自治。可以说，马克思、恩格斯在其论著中特别强调了两大核心的治理主体，即国家和人民。

首先，马克思、恩格斯提出，社会治理是国家应承担的基本社会职能。在马克思、恩格斯看来，由于存在大量的社会公共事务，国家的产生就成为历史的必然，而且，为了更好地处理这些公共事务，政府就需要履行一定的职能。马克思强调，国家从本质上来说需要满足社会存在和发展的共同利益需要，因而必须围绕这一需要提供公共产品。恩格斯在论述国家起源的时候提出，国家从某种程度上来说产生于对社会公共利益的维护，国家承担政治和社会双重职能，其中政治职能主要是为满足统治阶级利益而实施的政治统治，社会功能则包括对社会公共事务的管理和公共产品与服务的提供，而对社会公共事务的治理是国家得以存在的必要条件，国家公共权力是否合法在某种程度上取决于其能否提供满足社会发展需要的公共服务或公共产品。马克思在谈到巴黎公社问题时指出："旧政权的纯属压迫性质的机关予以铲除，而旧政权的合理职能则从僭越和凌驾于社会之上的当局那里夺取过来，归还给社会的承担责任的勤务员。"[①] 其中，合理职能指的是社会治理职能。马克思、恩格斯始终从利益关系的角度来分析国家的治理行为，他们认为，资本主义国家的治理只是为了维护统治阶级的利益，具有政治性，只有无产阶级专政条件下执行的国家治理才算得上良性治理，社会主义国家和政府需要承担一般管理、社会保险与保

---

① 《马克思恩格斯选集》第3卷，人民出版社2012年版，第100页。

障、救灾等满足社会发展共同需要的公共职能。

其次，马克思、恩格斯认为，人民群众是社会治理的核心主体。马克思、恩格斯在对黑格尔国家至上观点进行批判时强调，人民性是社会主义国家的突出性质。马克思特别赞扬了巴黎公社的人民主体性，他认为，巴黎公社的伟大之处就在于它本身的存在和工作，在于它奠定的真正民主制度的基础，在于它显示出来的走向"人民政府"的趋势。在马克思、恩格斯看来，巴黎公社是人民群众依靠自身力量建立起来的、旨在巩固人民民主和实现人类解放的无产阶级政权，为确保公社政权的无产阶级性质，必然要突出人民的主体地位。马克思、恩格斯充分肯定了人民群众在国家制度和国家权力中的主体地位，他们认为，人民群众在国家各项事务中居于核心主体地位，起决定性作用，为体现自身的主体地位，人民群众需要自觉参与到社会治理中，未来社会应该实现人民自主治理。关于人民群众如何有序参与社会治理，马克思、恩格斯强调，社会治理权向全体社会成员转移是实现人民群众有效参与社会治理的必要前提，除此之外还需要借助新的社会组织形式来实现全员参与社会治理。巴黎公社胜利以后，马克思对公社这一人民参与治理的载体给予充分肯定，指出："公社……这是人民群众把国家政权重新收回，他们组成自己的力量去代替压迫他们的有组织的力量。"①

第三，马克思、恩格斯阐明了实现社会治理民主化的条件。巴黎公社胜利以后，马克思、恩格斯对公社政权建设的成功经验进行了及时总结，并在论述的过程中阐明了社会主义国家治理民主化实现的必备条件。

首先，马克思认为，社会治理民主化实现的政治条件就是无产阶级夺取国家政权，建立工人阶级的政府。马克思在总结巴黎公社经验时指出："公社意味着在旧政府机器的中心所在地——巴黎和法国其他大城市——初步破坏这个机器，代之以真正的自治，这种自治在工人阶级的社会堡垒——巴黎和其他大城市中就是工人阶级的政府。"② 在他看来，只有夺取

---

① 《马克思恩格斯选集》第3卷，人民出版社2012年版，第140页。
② 《马克思恩格斯选集》第3卷，人民出版社2012年版，第166—167页。

政权，才能彻底实现人民群众对国家和社会事务的自主治理。除此之外，马克思还提出无产阶级在取得政权之后，必须建立新的民主制度和治理机构，借助公社这样的治理载体，确立人民群众在社会治理中的核心主体地位。

其次，马克思、恩格斯认为，制度建设是社会治理民主化实现的重要保障。在马克思、恩格斯看来，夺取政权之后，工人阶级不能简单地掌握并运用旧有的国家机器来进行管理，必须进行政权建设。马克思、恩格斯特别就巴黎公社政权建设中的廉价政府、普选制、普通薪水制等成功经验进行了详细总结。马克思认为，由于取消了常备军和国家官吏这两个最大的开支项目，公社实现了所有资产阶级革命都提出的廉价政府的口号；通过普选制选出的市政委员要对选民负责并且随时可以罢免，因而由这些委员组成的公社是一个实干的机构，它同时兼具行政机关和立法机关的功能。此外，由于公社实行了普通薪水制，一切公职人员都只能领取相当于工人工资的报酬，取消一切特权和公务津贴，因此确保了公社政权的廉价和高效。恩格斯在为《法兰西内战》撰写的导言中也高度赞扬了普选制和普通薪水制，认为这两项措施是可以防止国家以及国家机关由社会公仆变成社会的主人。

为实现人民自主治理，马克思、恩格斯特别强调了"防范原则"。马克思、恩格斯从权力产生、权力运行和权力结果三个方面论述了"防范"原则的践行：一是，必须保证人民群众在选择社会公仆时的初始权力，也就是要做到两点，即普选和随时罢免，普选保证组成政权的委员们对人民负责，随时罢免保证公职人员出错后立即被纠正，保证了人民群众的选择权在权力运行过程中顺利贯彻。二是，为了防止权力在运行过程中出现被滥用和僭越现象，公众监督必不可少。马克思在论述这一问题时提出，由于公社的勤务员是在公众监督下进行工作的，因而是真正的责任制。马克思又进一步强调，为确保权力运行体现人民意志，政务必须向人民公开，置于人民监督之下。三是，由于权力"防范"原则杜绝了国家机关公职人员对人民群众实施盘剥的任何可能性，其结果只能是指向由负责的勤务员组成的廉价政府。

总之，马克思、恩格斯关于社会治理的论述虽然只是一种粗线条的勾勒，但其中蕴含的思想、方法等，对我国当前正在进行的社会治理机制创新以及乡村治理机制的完善具有重大的指导价值。

二、列宁关于社会治理的基本论述

列宁继承马克思、恩格斯关于社会治理问题的基本思想，并将之同俄国社会主义现代化建设实践相结合，回答了社会主义国家如何进行社会治理的问题，形成一系列关于社会主义治理的重要思想观点。

第一，列宁阐明了人民在社会主义国家治理中的主体地位。马克思、恩格斯在对巴黎公社政权建设经验进行总结的时候提出，巴黎公社最伟大的成就在于人民政府，人民主体性是马克思主义群众观在社会治理问题上的具体运用。列宁继承并发展了马克思、恩格斯的人民主体思想，列宁认为，社会主义治理就是计划治理和人民自治，在他看来，只有正确表达人民的想法，社会主义国家治理才能顺利开展，因此必须发挥人民群众在国家治理中的主体作用。"在人民群众中，我们毕竟是沧海一粟，只有我们正确地表达人民的想法，我们才能管理。"[1] 列宁认为，无产阶级政权的本质就在于实行民主，也就是组织全体人民参与国家管理，对此，列宁进行了大胆设想，即把整个社会建设成为一个大的辛迪加，把全体公民变成国家雇用的职员和工人，这样从社会组织管理来看，国家是人人都能够参与的管理处，从社会生产生活来看，国家又变成了劳动和劳动报酬平等的工厂，总而言之，就是要把国家机关职能变成简单的监督和计算，从而使多数居民乃至全体居民都能胜任。列宁强调："有决定意义的事情是对产品的生产和分配组织最严格的全民计算和监督。"[2] 同时，列宁也提出了关于加强人民监督的思想，他认为，加强对国家机关的民主监督，是确保国家政权人民性的重要措施，也是完全民主得以落实的重要途径。列宁指出："苏维埃同'人民'之间，即同被剥削劳动者之间的联系的牢固性，

---

[1] 《列宁选集》第4卷，人民出版社2012年版，第695页。
[2] 《列宁选集》第3卷，人民出版社2012年版，第479页。

以及这种联系的灵活性和伸缩性,是消除苏维埃组织的官僚主义弊病的保证。"① 他根据俄国实际提出一系列加强人民监督的原则和方法,即将苏维埃作为实现和加强人民监督的重要机关,确保人民群众对公职人员能充分运用罢免权,发挥非党工农代表会议的监督作用。

第二,列宁讨论了社会主义国家治理中的党政关系。列宁在领导布尔什维克党进行政权建设的过程中,对于如何处理布尔什维克党和苏维埃政权之间的关系进行了开放性探索,提出了正确处理党政关系的思想观点。

首先,列宁明确强调了布尔什维克党在社会主义治理中的绝对领导。马克思、恩格斯强调,工人阶级组成独立的政党是必要的,工人阶级必须有自己政党的领导。列宁继承这一思想观点,提出了党对国家机关实行总的领导的观点。在列宁看来,无产阶级专政的性质,决定了无产阶级的先锋队即共产党是这个专政体系的领导核心,不通过共产党就不可能实现无产阶级专政。列宁多次强调,布尔什维克党是执政党,因此,党的代表大会作出的决定,整个国家都必须遵守。布尔什维克党通过直接执政的方式实现了对国家和社会的管理控制,成为国家机器的领导核心。进入和平建设时期后,党的直接执政带来官僚主义等许多弊端,列宁意识到这些弊端的危害,在向俄共(布)第十一次代表大会提出建议的时候强调,党的任务是对国家机关工作进行总的领导,列宁指出:"在这方面中央的意见是完全一致的,我希望代表大会能高度重视这个问题,批准旨在解除政治局和中央的琐碎事务、加强负责工作人员的工作的指令。"② 列宁认为,党实施领导就是支持、组织人民群众当家作主,而不是代替人民当家作主,党对国家机关总的领导就是无产阶级的一切大政方针都由党来决定。

其次,列宁强调,要明确划分党、政机关的职能范围,实行党政分开。俄国苏维埃政权建设初期,党政关系出现混乱状态,严重妨碍了党的领导作用的发挥,对此列宁非常不满,"在我们党同苏维埃机构之间形成了一种不正常的关系,这一点是我们一致承认的"③。列宁深刻意识到,党

---

① 《列宁选集》第3卷,人民出版社2012年版,第506页。
② 《列宁选集》第4卷,人民出版社2012年版,第697页。
③ 《列宁选集》第4卷,人民出版社2012年版,第696页。

直接执政必然导致党政不分、以党代政，最终产生官僚主义。同时，党直接执政又会使党陷入烦琐的行政事务中，从而削弱党的政治领导职能，因此党政必须分开。列宁认为，要达到党政分开的目的，必须明确划分党、政机关的职能范围，以便提高机关工作人员的主动性和责任心。他进一步提出，党是决定大事的，不应该过分干涉行政事务，应该保留苏维埃在具体问题处理上的独立自主权。根据列宁的建议，俄共（布）第十一次代表大会通过《关于党的巩固和新任务》的决议，对党指导经济机关的工作形式和具体方法进行了规定：党组织不应当干预经济机关的日常工作；党组织不应当发布苏维埃工作方面的行政命令；党组织不应当硬去代替经济机关的工作，而应代之以指导活动。

第三，列宁提出了社会主义治理法制化建设。俄国苏维埃政权建成以后，列宁强调，要从暴力打击转向依法治理国家。列宁认为，只有社会主义法制才能彰显民主，并最大限度满足无产阶级和广大劳动群众的各种利益诉求，因此，必须要废除旧制，建设新的社会主义法制体系。在列宁看来，社会主义法制建设的终极目标是实现全体劳动人民都能依法履行管理国家的职能。列宁特别强调，在社会主义法制体系尚未健全的情况下，由于缺少某些相应的法令或者法令不完备，对社会主义法律的遵循就变得非常重要。列宁特别指出："我们已经用法令规定的事情还远没有充分实现，而目前的主要任务，就是要集中全力，认真地切实实现那些已经成为法令（可是还没有成为事实）的改造原则。"① 在立法方面，列宁关注的是社会主义新法律体系能不能体现人民的根本利益，他特别强调社会主义法制建设的根本宗旨是要彰显人民的意志，满足人民群众的根本利益。在执法方面，列宁强调要严格执法，维护社会主义法律的权威，他认为法律如果不能得到认真执行的话，就会变成儿戏或者产生相反的结果。在法律监督方面，列宁认为，高度集中的领导体制和公众监督机制的缺位是官僚主义作风根深蒂固的制度根源，因此强调要建立新型社会主义法律监督体系，比如加强国家检察机关建设。列宁指出："主张对检察机关实行'双重'领导，

---

① 《列宁选集》第 3 卷，人民出版社 2012 年版，第 485 页。

取消它对地方政权机关的任何决定提出异议的权利,这就不仅在原则上是错误的,不仅妨碍我们坚决实行法制这一基本任务,而且反映了横在劳动者同地方的和中央的苏维埃政权以及俄共中央权力机关之间的最有害的障碍——地方官僚和地方影响的利益和偏见。"①

列宁社会主义治理思想由理想治理到现实治理的转变过程,也是列宁将马克思、恩格斯社会治理思想同俄国社会主义建设实践相结合的过程,对于顺利推进我国国家治理体系和治理能力现代化具有重要的借鉴意义。

三、中国共产党关于社会治理的主要论述

尽管"社会治理"在党的文献中是一个全新的概念,但有关社会治理的思想早已有之。建党以来,尤其是在 70 多年的执政实践中,共产党人都将马克思主义社会治理思想同中国具体实际相结合,针对不同历史阶段的变化,创造性地提出一系列治国理政的思想观点。

第一,中国共产党明确了社会治理的不同主体。马克思、恩格斯在论述社会治理问题时特别强调了两大主体,即国家和人民,中国共产党人继承并发展这一思想,在领导中国革命和建设的过程中,针对不同历史时期中国社会治理的不同主体进行了积极的探索和详细的论证。

首先,中国共产党强调要坚持人民群众的主体地位。马克思主义群众观认为,人民群众是社会物质财富的创造者,是社会变革的推动者和决定力量。中国共产党人将这一思想一以贯之,在革命和建设的实践中始终坚持人民的主体地位。毛泽东认为,劳动者必须享有管理国家、军队和各种企业以及文化教育的权利,人民不管理上层建筑是不行的,只有一切依靠群众,才能获得革命和建设的胜利。他多次强调,许多事情都可以由群众直接想办法解决。坚持人民主体地位,就要始终将人民利益放在第一位,全心全意为人民谋利益。邓小平深知人民群众是推动社会发展的最强大动力,在其主政西南地区期间曾告诫全军要依靠西南人民。邓小平认为,充分发动群众是革命取得胜利的重要保障。改革开放以后,邓小平在领导中

---

① 《列宁选集》第 4 卷,人民出版社 2012 年版,第 704 页。

国人民进行社会主义现代化建设的过程中始终把群众力量置于最重要的地位，既尊重人民群众的首创精神，又注重满足人民群众的各项利益要求。邓小平指出："党只有紧紧地依靠群众，密切地联系群众，随时听取群众的呼声，了解群众的情绪，代表群众的利益，才能形成强大的力量，顺利地完成自己的各项任务。"[1] 群众路线是党的基本工作路线，应该贯穿于党的全部工作之中，中国的社会治理不但要坚持共产党的领导，而且在更大程度上要依赖于人民群众的支持和参与，因此，中国共产党特别重视基层民主建设，保障广大人民群众能够行使管理国家、社会的权利。在践行马克思主义群众观和党的群众路线的过程中，共产党人切实贯彻党全心全意为人民服务的宗旨，真正做到一切依靠群众，一切为了群众。胡锦涛在中共十六届三中全会上提出科学发展观，其核心就是坚持以人为本，就是要尊重人民的主体地位。中共十八大明确提出，要坚持人民主体地位，要"最广泛地动员和组织人民依法管理国家事务和社会事务、管理经济和文化事业、积极投身社会主义现代化建设，更好保障人民权益，更好保证人民当家作主"[2]。坚持人民主体地位，说到底就是要依靠人民进行社会治理，依靠人民推动各项改革。习近平在中共十八届三中全会第二次全体会议上讲话强调，改革开放成功的根本原因在于得到了广大人民群众的拥护和参与，只要有人民的支持，我们的改革事业就一定能顺利推进。坚持人民主体地位是对马克思主义群众观的继承和发展，是由中国的特殊国情决定的，是中国共产党社会治理思想不可或缺的重要组成部分。

其次，中国共产党确立了在中国共产党领导下的多元社会治理主体。中国共产党对社会治理主体多元化的认识，是随着中国革命、建设和改革实践的逐步深入而不断变化的。1998年，《关于国务院机构改革方案的说明》明确强调，政府的基本职能就在于宏观调控和社会管理以及公共服务，这是中国共产党第一次提出社会管理概念。2002年，中共十六大报告明确将社会管理界定为政府四项基本职能之一，强调了政府作用的无可替代

---

[1] 《邓小平文选》第2卷，人民出版社1994年版，第342页。
[2] 《十八大以来重要文献选编》（上），中央文献出版社2014年版，第11页。

性。随着西方治理理论的引入以及全面建成小康社会面临的新形势,一些治理中的深层次问题凸显,中国共产党开始意识到自上而下的单向管理很难解决这些深层次问题,动员和引导社会力量参与社会治理成为必然。中共十八大明确提出,"围绕构建中国特色社会主义社会管理体系,加快形成党委领导、政府负责、社会协同、公众参与、法治保障的社会管理体制"①,强调了社会管理的几方面主体,既要发挥党组织的领导核心作用,又要发挥好政府的主导作用,还要充分发挥社会组织的治理功能,同时更要动员广大群众参与社会管理,实现其自我管理、自我教育和自我服务。中共十八届三中全会提出"创新社会治理体制","坚持系统治理,加强党委领导,发挥政府主导作用,鼓励和支持社会各方面参与,实现政府治理和社会自我调节、居民自治良性互动"②。这是"社会治理"一词首次出现在共产党的文件中,从社会管理到社会治理,体现出共产党执政理念的变化以及共产党对于社会治理主体认识上的深入,即从强调政府单方面主导作用转向强调主体来源的多样性,从强调单向度管理转向强调各治理主体间的多维互动。

第二,阐明了社会治理的主要内容。中国共产党对社会治理的认识经历了一个不断深化的过程。毛泽东曾经多次强调,社会管理的重要任务就在于使工人乃至一般人民的生活得到改善。改革开放以来,邓小平意识到改革势必要对既有的利益格局进行调整,必然会引发各种新的社会矛盾和社会问题,因此他就如何治理社会提出一系列重要论断。邓小平认为,社会主义的基本原则是共同富裕,贫穷不是社会主义,因此,党在社会主义初级阶段的重要任务就是紧抓经济建设。邓小平指出:"考虑的第一条就是要坚持社会主义,而坚持社会主义,首先要摆脱贫穷落后状态,大大发展生产力,体现社会主义优于资本主义的特点。要做到这一点,就必须把我们整个工作的重点转到建设四个现代化上来,把建设四个现代化作为几十年的奋斗目标。"③在他看来,只要我们在经济建设方面取得较大成就,

---

① 《十八大以来重要文献选编》(上),中央文献出版社2014年版,第27页。
② 《十八大以来重要文献选编》(上),中央文献出版社2014年版,第539页。
③ 《邓小平文选》第3卷,人民出版社1993年版,第224页。

其他国际国内事务就容易搞好。邓小平还特别强调社会主义现代化建设的任务是多方面的，各方面之间需要找到一个平衡。邓小平关于社会主义初级阶段重要任务的科学论断为中国共产党社会治理思想的进一步丰富奠定了坚实基础。中共十六大以来，民生问题的解决被列为社会治理的重要内容，共产党人更加关注与人民群众切身利益密切相关的生产生活问题，并将这些问题作为社会治理的重点。中共十六大报告指出："要随着经济发展不断增加城乡居民收入，拓宽消费领域，优化消费结构，满足人们多样化的物质文化需求。"[1]中共十七大、十八大报告也都设了专门的章节来论述如何改善民生以及加强社会建设。新形势下，中国共产党更加关注广大人民群众的物质利益能否得到满足，生活状况能否得到改善。对民生问题的关注使中国共产党关于社会治理的思想更为直观，更能体现民主的基本原则。2020年5月22日，习近平总书记在参加十三届全国人大三次会议内蒙古代表团审议时讲话指出："我们推动经济社会发展，归根到底是为了不断满足人民群众对美好生活的需要。要始终把人民安居乐业、安危冷暖放在心上，用心用情用力解决群众关心的教育、社保、医疗、住房、养老、食品安全、社会治安等实际问题。"[2]

第三，中国共产党提出了社会治理的重要路径。自建党以来，中国共产党人一直致力于探寻中国由以达到治的规律和路径，在经历了新民主主义革命的胜利尤其是成为执政党后，共产党人逐渐探索出一条适合中国国情的治理路径，进一步完善了共产党的社会治理思想。

首先，中国共产党提出了社会治理的基本路径是整合社会利益。加强社会治理，就需要协调好社会各方利益，因此，中国共产党提出了改善社会治理的基本路径就是整合社会利益，具体可以通过增进社会福利、创建利益协调机制等来实现。邓小平强调要坚持共同富裕，在他看来，走社会主义道路，就需要实现共同富裕，只有这样才能消除两极分化，才能体现社会主义制度的优越性，也才能顺利推进社会主义现代化建设事业。邓

---

[1] 《十六大以来重要文献选编》(上)，中央文献出版社2005年版，第23页。
[2] 《习近平谈治国理政》第4卷，外文出版社2022年版，第55页。

小平在南方谈话中指出："如果富的愈来愈富，穷的愈来愈穷，两极分化就会产生，而社会主义制度就应该而且能够避免两极分化。解决的办法之一，就是先富起来的地区多交点利税，支持贫困地区的发展。"[①] 为了更好地整合社会利益，体现社会公平，中共十三大提出要制定合理的分配政策，既要有利于先富，又要坚持共同富裕的方向，效率优先，兼顾公平。随后，中共十四大、十五大、十六大、十七大也就分配过程中效率与公平的关系作出专门论述，其认识经历了不断深化的过程。胡锦涛从全面建设小康社会的全局出发，提出构建社会主义和谐社会，把激发全社会创造力和实现各方面利益有机结合起来。胡锦涛指出："构建社会主义和谐社会，既要充分发挥人民群众的积极性、主动性、创造性，使全社会始终充满创造活力和蓬勃生机，又要妥善协调各方面的利益关系，保持社会利益均衡和社会稳定。"[②] 中共十八大以来，中国共产党更加强调对社会利益的协调和整合，从具体机制入手加强和完善社会管理，"完善正确处理新形势下人民内部矛盾机制，加强和改进人民信访工作，畅通和规范群众诉求表达、利益协调、权益保障通道，完善网格化管理、精细化服务、信息化支撑的基层治理平台，健全城乡社区治理体系，及时把矛盾纠纷化解在基层、化解在萌芽状态"[③]。

其次，中国共产党论述了社会治理体制和机制的完善。随着中国共产党对社会治理认识的不断深入以及新时期治理问题的出现，中国共产党越来越认识到，推进社会管理、治理体制或机制的完善和创新，是实现良好社会治理的根本保证。中共十八大提出，加强社会建设，必须加快推进社会体制改革，"加快形成党委领导、政府负责、社会协同、公众参与、法制保障的社会管理体制"[④]。随着全面建成小康社会这一宏伟目标的逐步实现，中国共产党认识到，单向的社会管理不足以解决新时期出现的各种新

---

① 《邓小平文选》第3卷，人民出版社1993年版，第374页。
② 胡锦涛：《论构建社会主义和谐社会》，中央文献出版社2013年版，第75页。
③ 习近平：《高举中国特色社会主义伟大旗帜 为全面建设社会主义现代化国家而团结奋斗——在中国共产党第二十次全国代表大会上的报告》，《人民日报》2022年10月17日。
④ 《十八大以来重要文献选编》（上），中央文献出版社2014年版，第27页。

问题，因此，中共十八届三中全会提出"创新社会治理体制"，并就如何改进社会治理方式作了详细论述，就是要实现政府治理和社会自我调节、居民自治良性互动。这是中国共产党历史上第一次提出"社会治理"概念，标志着中国共产党执政理念的深刻变化。中共十八届五中全会提出完善社会治理体制，"建设平安中国，完善党委领导、政府主导、社会协同、公众参与、法治保障的社会治理体制，推进社会治理精细化，构建全民共建共享的社会治理格局"[①]。"共建"的社会治理过程和"共享"的社会治理目标的提出，标志着中国共产党关于社会治理的思想越来越成熟。

中国共产党社会治理思想是对马克思主义经典作家社会治理思想的继承和发展，是马克思主义中国化的重要理论成果，对于创新社会治理机制以及推进国家治理体系和治理能力现代化具有重要的指导意义。

第三节 治理理论、国家与社会关系理论及社会资本理论述析

理论来源于实践，又对实践具有反作用，任何对实践问题的研究，如果脱离了理论的指导，都有可能陷入盲动的误区。因此，对乡村治理机制的研究必定不能离开对相关理论的探讨，除了要重温马克思主义相关理论，简单了解其他社会科学的相关理论，更主要是了解治理理论、国家与社会关系理论以及社会资本理论。

一、治理理论的基本观点

作为 21 世纪社会科学领域的前沿理论之一，治理理论是在 20 世纪 90 年代后由"政府失灵"和"市场失灵"等现象催生的，继而成为政治学研究中的重要问题，治理和善治的理念又在公共行政领域掀起了政府管理模式改革和创新的高潮。联系我国正在进行的治理机制创新，有必要对治理理论的基本观点进行简单梳理。

---

① 《十八大以来重要文献选编》（中），中央文献出版社 2016 年版，第 819 页。

第一，关于治理概念的内涵。作为治理理论的核心概念，治理的传统含义是指在特定范围内行使权威，20世纪90年代以来，该概念因其含义上的新变化而变得炙手可热。西方治理概念强调的核心问题包括主体的多元化、公众参与、治理方式的多样性以及网络结构等。

首先，治理概念的多维阐释。在西方学术界，治理是一个在内涵上不断发展、不断更新的概念。1989年，世界银行在讨论非洲发展时首次使用了"治理危机"(crisis in governance)的概念，此后，治理概念开始流行于西方学术界，特别是20世纪90年代以后，更是被广泛运用到政治学、公共管理、社会管理等多个领域。1992年治理概念开始出现于中国学术界，尤其是近年来，治理理论受到我国学术界的重视，学者们开始运用这一理论来分析解决中国的实际问题。关于治理的界定，国际社会并没有一个公认的基本概念，不同的研究者只能从不同的视角进行不同的界定。其中尤以全球治理委员会于1995年提出的定义最具代表性和权威性：治理是各种公共的或私人的个人和机构管理其共同事务的诸多方式的总和，它是使相互冲突的或不同的利益得以调和并且采取联合行动的持续的过程，既包括有权迫使人们服从的正式制度和规则，也包括各种人们同意或以为符合其利益的非正式的制度安排。作为全球治理理论的创始人之一，詹姆斯·罗西瑙将治理定义为"一系列活动领域中的管理机制"，他认为治理其实是一种由某种共同目标支持的活动，在他看来，治理和传统意义上的政府统治不同，后者的主体只能是政府，而治理的主体可以是政府以外的其他社会力量，政府并不是唯一的主体。罗西瑙强调治理的内涵要比统治更广泛，既包括政府机制，又包括非政府的、非正式的机制。学者罗茨认为，治理意味着以新的方式统治社会，据此他提出了六种关于治理的定义。库伊曼则强调，治理意味着国家同社会和市场以新的方式互动。治理理论的权威代表人物格里·斯托克在梳理了各种关于治理的定义之后提出了自己的五个论点，在斯托克看来，治理理论对公共行政的主体进行了重新定义，他强调关注"第三部门"在公共服务及项目实施中所扮演的重要角色。斯托克认为，在治理的视角下，公共行政的核心是一套突破原有政府机构的更为复杂和动态的组织机构，治理的主体已经拓展至政府以外的社区和私人部门、志愿部门等组织，过去为政府专有的公共责任现在也有可能为其他非政府组织所承担。同时，斯托克也强调，由于公民和政府之间的联系大大加强，因此，必须一方面在制定政策的时候要回应公民的需要，另一方面要构建鼓励公民积极参与的有效机制，通过这两种途径将公民纳入治理过程中。

其次，关于治理的具体内涵。从以上分析我们可以看出，无论对于治理概念的定义多么千差万别，但无一例外地都包含了以下几个判断：一是治理主体多元化，强调国家不再是治理的唯一权威主体，其他私人机构、非政府组织甚至公民都应该成为治理的主体。二是权力运行方式的多向，强调在治理过程中，既有从上而下的政府权力的运用，又有自下而上的社会公众权力的运作，同时还有主体间平等的横向权力关系。三是治理手段多样化，强调治理主体间的协商合作和权力分散。

第二，治理理论包含的理念。从对治理概念内涵的追溯中可以看出，治理理论包含丰富的民主、法治、责任等思想和理念，强调将公共事务的责任和权限从政府垄断中解放出来。

首先，治理理论强调公民参与。治理理论鼓励公民以各种形式参与公共行政，强调公民与基层行政组织的互动，认为公民参与和监督能提高公共行政的效率。B·盖伊·彼得斯在其《政府未来的治理模式》一书中提出了四种模式，其中参与式政府关心公民的参与以及国家和社会间的关系，他指出："参与式政府最简单的形式是公民投票，就是让公众通过直接投票的方式来决定政策议题所要采用的方法。"①

其次，治理理论强调多中心合作网络体系的构建。治理理论主张政府与社会力量应该通过合作方式结成网状关系，形成解决问题的社会合作网络体系。在治理理论者看来，单纯的国家管理和社群自我调节有时并不能很好地解决社会经济问题，二者互动合作才是问题解决之道。治理的关键不仅在于构建社会合作网络体系，还在于信任关系的形成以及合作方式的

---

① [美]B·盖伊·彼得斯：《政府未来的治理模式（中文修订版）》，吴爱明等译，中国人民大学出版社2013年版，第47页。

确立。

最后，治理理论强调社会资本的培育。治理理论主张以信任、规范和网络关系为基础的社会资本的存在能够降低交易成本，更能抗衡国家政权，因而使得治理运行更加顺利。从这个角度来说，良好治理的前提之一就是社会资本的培育。

第三，治理理论的层次体系。由于治理概念的不统一，建立在治理概念基础上的治理理论也杂乱无章，目前，关于治理理论的层次划分主要基于政府和各种社会组织以及个人互动，主要分为全球治理理论、国家治理理论以及地方治理理论。全球治理理论主张将适用于国内层面的治理理论扩展到世界层面，运用一般的治理理论来考察全球变革和治理，并进一步提出，全球治理的目的是促进人类的整体和共同利益。全球治理的主体包括各国政府、正式的国际组织以及非正式的全球公民社会组织。国家治理理论强调，国家治理是在民族国家层次上实施的治理，强调国家同公民社会、非政府组织以及私人机构等多主体的互动合作，强调权责对应。地方治理理论提出，在应对地方公共问题时，需要构建政府组织与社会力量的合作网络，强调公民参与及主体间平等的互动合作关系。

我们强调的乡村治理机制的完善和创新，其本质上就是通过理顺治理主体之间的关系来构建良好的乡村治理结构，从而实现治理功效的最优化。治理理论所强调的公民参与、政府组织与社会组织的互动合作等理念恰好为我们的乡村治理机制的完善提供了理论指导。

二、国家与社会关系理论简析

20世纪90年代以来，国家与社会关系理论由西方传入我国，并逐渐为中国学者研究农村问题时所运用。我国正处于乡村治理机制完善与创新的新时期，梳理并学习西方国家与社会关系理论具有重要的理论和实践价值。

第一，西方国家与社会关系理论的演进历程。正如任何理论都有一个不断发展演进的过程，西方学者对国家与社会关系的探讨也经历了一个从"一元论"到"二元论"再到"对立性"和"统一性"并存直至"多元化"

理论体系形成的演进历程。

首先，前工业化时期的"一元论"和"二元论"思想。这一思想可以追溯到古希腊时期，那时，国家和社会在现实中是重合的，体现在思想上便是一元论，即认为国家和社会是融为一体的，国家是社会的国家，社会是国家的社会。亚里士多德提出的"人类在本性上，也正是一个政治动物"的论断被认为是彼时国家与社会关系理论的真实写照。在经历了古罗马时期疆域的不断扩大之后，中世纪的国家与社会进一步分离，中世纪的社会现实与基督教教义推动了近代思想中国家与社会的第一次分离，形成了国家与社会关系的"二元论"思想。

其次，工业化时期国家与社会关系的"对立性"与"统一性"并存。工业革命的兴起带来了社会结构的复杂化，与此同时，启蒙运动也掀起了西方社会的思想解放思潮。围绕国家主权和社会人权关系的争论，学界形成了国家与社会关系中"对立性"与"统一性"并存的观点。启蒙运动思想家们提出了"社会本体论"，认为社会先于国家而存在；以黑格尔为代表的思想家提出了"国家本体论"，主张国家的至高无上；马克思则提出了国家与社会关系的"对立性"和"统一性"并存的科学论断，在马克思看来，国家和社会既有对抗性的一面，又有一致性的一面，国家是社会发展到一定阶段的产物。马克思认为，国家一经产生就成为外在于社会的力量，随着社会的成熟，国家又回归社会。他强调通过社会权力对政治权力的制约来实现国家与社会关系的平衡。

最后，后工业化时期国家与社会关系的"多元化"理论体系形成时期。进入20世纪，随着市场经济的发展，各种"失灵"现象层出不穷，国家与社会关系变得更加复杂，学者们纷纷从各自不同的专业领域对其进行研究，形成了多元化的理论体系。多元主义国家理论强调社会对于国家的主动作用；回归国家学派则单纯强调国家的自主性；公民社会理论寻求公民社会的建设，主张在反对国家不当干预的同时承认国家的主动地位；国家限度理论既强调国家对社会的作用，又强调国家受社会的限制。公民社会理论和国家限度理论是对单独强调国家或社会中心作用所引发的"失灵"现象的反思与批判。

全球化进程的加快，使得民族国家面临的挑战和危机日益凸显，围绕这一问题，当代西方理论界逐渐形成论争的两大阵营，一方以国家为中心思考民族国家在全球化进程中的作用，另一方以社会为中心探讨全球化进程中公民社会的角色和功能变迁。一是围绕民族国家未来走向出现国家"终结论""重构论"和"扩张论"。国家终结论主张，全球化进程明显弱化了国家的权威，使得国家的终结成为必然趋势。国家终结论代表的是保守自由主义的现实需要和理论诉求，其另外版本是"超越国家论"和"世界国家论"，认为全球化进程导致了国家主权萎缩，主张在改造现有国际组织和国际法的基础上建立世界国家、世界政府。国家"重构论"和"扩张论"主张全球化进程没有产生可以完全取代国家的共同体或组织，民族国家依然拥有对本国政府的控制力，全球化进程中国家的某些职能还需进一步加强。相比较而言，后者的观点更为客观现实。二是全球化挑战使人们对社会力量寄予厚望。当某些西方学者对国家的未来充满质疑的同时，另外一些学者则表现出对社会力量的极大兴趣，探讨了公民组织在全球化中的作用。其中"私人政府"理论主张跨国公司作为私人政府可以在全球化进程中弥补公共政府的不足，因而有资格对公共政府直接构成挑战。伴随大量非政府组织的急剧扩张，越来越多的学者开始关注这些非政府组织的政治角色及功能，将非政府组织看作政府职能的转移。

第二，近代西方国家与社会关系中两条路线的并立。在社会科学领域，对国家与社会关系的探讨一直是一个热点问题，围绕二者孰轻孰重、孰主孰次产生了社会路线和国家路线的分野。

首先，国家与社会关系中的社会路线强调，市民社会优先于国家。这一路线的倡导者认为，社会先于国家存在，代表人物包括洛克、亚当·斯密、孟德斯鸠和托克维尔等。在以洛克为代表的自由主义者那里，社会是先于国家而存在的，国家是工具和手段而非目的。洛克强调了社会的非政治性，他认为，国家基于契约所产生的立法权和司法权要对社会负责。亚当·斯密的"看不见的手"理论反对国家干预经济，强调了不受国家权力侵犯的经济领域的合理性存在，为"社会先于国家"思想注入了实质性的内容。孟德斯鸠虽然假设了一个君主制政府，但他讨论二者关系的时候更多地考虑了"怎样使政府能够受制于社会"这一问题。对社会路线作系统阐释的是托克维尔，他认为，在以"民主"名义实施的压力下，社会已经越来越成为国家权力控制的产物，因而必须防止权力垄断。托克维尔提出"以社会制约权力"，突出公民行动的民主意义。

其次，国家与社会关系中的国家路线强调了国家的角色和作用。这一路线的倡导者主张，国家高于社会，国家是目的而非手段，对国家路线阐述较多的是马基雅维利、霍布斯、黑格尔等。马基雅维利将国家利益看作"政府行为合法性的源泉"，国家可以根据"国家理由"行事。霍布斯认为，主权者由于没有参加契约，因而其权力是至高无限的，在国家权利和个人权利的对立中，他倾向于国家权利。由于看到了自由主义学说的诸多问题，黑格尔对国家与社会关系作出了"国家高于社会"的论证。在他看来，社会的各种不足都只能通过国家来弥补，国家能同时保证公共利益和特殊利益，个人的自由和权利只有在符合国家目的时才有意义。

国家与社会关系理论为我们研究新形势下完善乡村治理机制提供了方法论指导，如果基层政府代表"国家"力量，那么社会组织就是与国家对立的"社会"，如何实现二者的有效衔接和良性互动就成为我们首先要解决的关键问题。

三、社会资本理论的主要观点

近年来，"社会资本"成为国内外学术界讨论的热点，社会学家、政治学家、经济学家等各个领域内的专家学者纷纷使用"社会资本"概念来解释本领域内的现象。作为社会科学领域理论分析的重要视角，社会资本主要指个人的社会资源获取。社会资本理论的代表人物是皮埃尔·布迪厄、詹姆斯·科尔曼、罗纳德·伯特和林南等。20世纪90年代以来，学者们对社会资本概念的界定向社会拓展开去，强调公民参与、社会信任和共享规范，代表人物包括罗伯特·普特南、福山等。可以说，社会资本理论发展的历程就是社会资本概念从微观向中观宏观、从以个人为中心向以社会为中心发展的历程。

第一，社会资本理论的早期发展。早期的社会资本理论研究者将社会资本理解为"一种个人通过自己拥有的社会网络关系而获得的资源,之所以称之为'资本',是因为对这些网络关系的投资可以给人们带来预期的收益"[①]。也就是说,当人们从事某种带有明确目的的活动时,可以从社会关系网络中获取各种实质性的帮助,从而达到自己的目的。从这个角度来说,早期的社会资本理论研究以人为中心展开。

首先,是布迪厄的社会资本概念。在社会资本理论发展的历史上,布迪厄第一个提出并使用社会资本概念,他认为,社会资本是个人所拥有的资源的集合,并且个人所能拥有的资源的数量同其身份以及占有的关系网络的多少有密切关系。在他看来,社会资本概念隐含了一种社会关系网络,个人可以通过这种网络获取资源,并借助这种资源快速获得成功,可以说,社会资本对于拥有者来说具有工具性价值,因此,布迪厄强调个人要精心建构用以获取社会资本的社会网络。

其次,是科尔曼的功能观。如果说布迪厄最早将社会资本概念引入社会学领域,那么科尔曼则首先对社会资本进行了全面分析和界定。科尔曼对社会资本的关注是从其社会行动理论开始的,在他看来,在社会系统中,行动者为了实现自己的利益,通过相互交换形成了包括信任等关系在内的各种社会关系,当这些社会关系被当作获取某种收益的资源来使用的时候,社会资本的概念就产生了。科尔曼认为,社会资本是生产性的、不可以完全替代的而且主要存在于人际关系的结构中,并重点强调了社会资本的形式以及产生。科尔曼有关社会资本的思想推动社会资本研究向宏观过渡。

再次,是罗纳德·伯特的"结构洞"观。伯特从网络结构对其行动者有效用的程度这个角度来定义社会资本,在他看来,个人能够通过其所属的社会关系获得使用其他资本的机会,因而这种社会关系就成为社会资本。伯特强调了社会资本的信息收益和控制收益,在他看来,同质的、重复的网络并不能带来社会资本的增加,只有处于社会网络中的特殊位置才能通过在结点之间控制资源流动来实现社会资本的增加,这一特殊位置被

[①] 赵延东:《社会资本理论的新进展》,《国外社会科学》2003年第3期。

伯特称为"结构洞"。

最后，是林南的社会资源观。林南是社会资本微观研究的重要代表人物，他在社会资本概念的界定、社会资本的指标测量以及社会资本理论模型的建构方面都作出过巨大贡献。林南通过研究发现，理性选择行为可以促成个体行动和社会结构的互相转化，因此他将社会资本定义为"嵌入社会网络关系中的可以带来回报的资源投资"[①]。林南认为，社会资本概念应该包含三种成分，即一种嵌入社会结构的资源、个人动员或汲取资源的能力、个人通过有目的的行动汲取资源。林南又进一步强调，社会资本需要在具有回报期望的社会关系中投资，个人为了汲取资源、获得收益才参与互动和建立网络。

第二，社会资本理论的新进展。通过梳理我们不难发现，早期的社会资本研究主要强调了以下三点：社会资本根植于社会关系中；社会资本是可增值的资源；社会资本同时也是人们为了获取效益而进行的投资活动。随着全球化的进一步推进，学者们开始对已有的社会资本概念和研究范式进行反思，开始思考社会及其与国家的关系，从而使社会资本研究转向以社会为中心。

首先，是普特南的社区观。最早尝试在更广泛的社会范围内使用社会资本概念的是美国政治学家罗伯特·D.普特南，在其出版的《使民主运转起来》一书中，普特南将社会资本同信任、规范以及网络等诸如此类的社会组织特征联系起来，并从这一角度来定义社会资本。在他看来，组织成员间的信任以及组织内部为成员共享的规范等可以更有效地推动组织成员间的合作，从而可以大幅度提高社会效率。普特南认为，同一个没有信任的社会相比较来说，依赖普遍性互惠的社会要更有效率，因为在后面的社会中，信任充当了社会生活的润滑剂。他进一步强调了公民参与对于实现民主治理的重要意义，也就是说，公民参与的网络由于能够产生成员彼此间的信任，因此有利于摆脱集体行动的某些困境，更好地促进经济繁荣和

---

① 刘少杰：《以行动与结构互动为基础的社会资本研究——评林南社会资本理论的方法原则和理论视野》，《国外社会科学》2004年第2期。

民主治理。普特南以此对意大利政治制度改革在不同地区产生的不同效果进行了详细研究并得出结论：社会资本存量的不同使得不同地区的民主建设和经济发展程度都拉开了距离。

其次，福山的社会规范观。福山继承了林南对社会资本的研究视角和定义，认为社会资本就是社会成员之间的信任程度，这种信任可以弥补正式制度的不足，从而降低经济运行的成本，为社会经济的繁荣提供必要条件。福山区分了信任的两种来源——家庭和社团，在他看来，只有发生在社团中的互助合作才是广泛意义上的信任，在此基础上才能产生推动社会经济繁荣的社会资本。依据这一理论，福山对一些国家的经济发展与信任程度的关系进行了一系列考察，结果发现一国的经济效率与其社会资本和信任程度成明显正比关系。在此后的研究中福山也强调，一些积极的政府政策可以促进生成一定量的社会资本。

通过对社会资本理论发展的简单梳理，我们不难发现，社会资本是乡村治理过程中非常重要的治理资源，完善乡村治理机制，必须充分发掘并利用好乡村的社会资本，以提升乡村治理功效。

第二章

乡村治理机制的内涵、要素和功能

一般来说,明确概念是我们进行学术研究的根本前提,社会科学研究往往要以界定概念为起点,对乡村治理机制概念的界定是通过与相关概念的比较、辨析来完成的。研究中国乡村治理机制问题,必须厘清乡村治理机制的内涵、要素和功能等问题。从系统论的角度来说,机制指的是社会系统内部的组织或构成要素及其相互作用的过程和方式。乡村治理机制涵盖的内容和涉及的主体烦琐复杂,所以,对乡村治理机制的内涵、要素和功能的真切把握,是深度认识中国乡村治理机制问题的前提。

第一节 乡村治理机制相关概念的界定及内涵

从词源学上看,乡村治理机制是一个复合词,它是由"乡村""治理""机制"三个概念复合而成的,因此,界定乡村治理机制,首先要界定乡村、治理、机制及相关概念。

一、治理和乡村治理概念的界定

20世纪90年代,西方社会科学中的治理理论传入我国,引起我国学者的关注,他们将西方治理范式同中国乡村研究相结合,形成了乡村治理的概念。

第一,治理概念的界定。治理是西方治理理论的核心概念。在英语语境中,治理(governance)一词源于拉丁文(kybernets)和古希腊语(kybernan),原意指控制、引导或操纵,与统治(government)一词可以交叉使用。《高级汉语大词典》将治理解释为整治调理、整修改造。20世纪 90 年代以来，治理被赋予新的含义，其涵盖范围超出了传统的经典意义，更与"统治"相去甚远。关于治理概念的界定，国际社会并没有一个公认的基本概念。本书认为，治理是对公共事务的处理，也就是治理主体利用制度对利益相关者的行为进行规范、对利益相关者的关系进行协调的过程。同管理相比较，治理是一种更能有效发挥作用的管理机制，其内涵要比统治丰富得多，它可以是以政府为主体实施的管理活动，也可以是政府之外的主体实施的活动，当然，这种活动可以不经过正式授权，可以不用借助国家强制力量实现。

第二，乡村治理的含义。乡村治理概念于 1998 年首次由华中师范大学中国农村问题研究中心的学者提出，随后立即成为乡村研究者竞相使用的核心概念之一。在这里，之所以用乡村一词，是因为同农村概念相比较而言，前者更具有地域的确定性和社区特征的明显性，因而更适应社会发展的实践。正如我国早期的社会学家乔启明先生所说的，乡间民众的接触更多是发生在集镇上的交易中，因而我们划分乡村社会，大多是以集镇为起点的。乡村是指"以行政区划的乡镇所辖的地域实体，它的外延是以乡（镇）政府所在的圩镇为中心，包括其所管辖的所有村庄的地域范围"[①]。

学术界对乡村治理概念并没有统一界定，不同研究者从不同视角进行了不同界定。本书认为，乡村治理是多元主体围绕乡村公共权力的运作和公共资源的有效配置而实施的旨在完成乡村公共事务，解决乡村公共问题的一系列手段、行为方式和活动的总和。就乡村治理的内涵而言，主要在于以下几个方面。

首先，乡村治理的主体是多元的。在我国全面深化改革、强调国家治理体系和治理能力现代化的背景下，政府不可能包揽并出色地解决好所有乡村公共事务，乡镇政府不再是唯一的管理主体。所以，有必要调动乡村社会组织和村民自身参与到整个乡村治理中，乡村治理主体多元化的趋势越来越明显。

其次，乡村治理的目标是处理乡村公共事务，解决乡村公共问题。这

---

① 王洁钢：《农村、乡村概念比较的社会学意义》，《学术论坛》2001 年第 2 期。

就决定了乡村治理的内容涵盖了乡村社会生活的方方面面，涉及增进村民公共利益的诸多方面（政治、经济、乡村公益事业、日常村务管理）。凡是在乡村发展的过程中需要运用公共权力加以解决的，都属于乡村治理的范畴。

再次，乡村治理的实质是公共权力的配置和运作过程。随着乡村现代化进程的推进，乡村公共事务愈加复杂，在这种情况下，只有合理配置并有效运作公共权力，改变公共权力的使用方式，才能完成对乡村公共事务的处理，才能进一步推进乡村现代化，才能实现乡村社会的良性运行和协调发展。在这里，公共权力体系包括国家权力和基层自治权两部分。

最后，乡村治理不是一种结果，而只能是一个持续的各治理主体相互协调、合作的过程，借由这一过程，乡村社会的公共事务和公共问题得以处理和解决，公众利益得到最大化。

二、机制与体制、制度的内在关联

机制、体制和制度等概念是学术界较存争议的问题之一，由于其内涵和外延的相似性，学者们在使用这些概念的时候容易造成误解，因此，在研究乡村治理机制问题时，有必要对机制、体制和制度进行辨析。

从词源上说，机制（mechanism）原指机器的构造和运作原理，借指事物内在的工作方式，包括其组成部分的相互关系。《辞海》对机制的解释是：用机器制造的；机器的总体构造和工作原理；有机体的构造、功能和各器官间的相互关系；某个复杂的工作系统或某些自然现象的演变规律。机制原本是物理学术语，后被生物学、医学借用，指生物（包括人）的功能。20 世纪 40 年代末，机制一词被引入社会科学，泛指事物的内部结构及其运行规律。机制是一个跨学科概念，很难给出一个统一的、明确的概念界定，但在社会科学领域，无论对于机制的具体定义如何不同，它们都强调机制是系统内部各组成要素之间的相互联系、相互作用以及由此产生的影响系统运行的方式。

体制是同机制内涵相像的另外一个概念，1999 年版《辞海》对体制的解释是："国家机关、企事业单位在机构设置、领导隶属关系和管理权限划分等方面的体系、制度、方法、形式等几个方面的总称。"一般来讲，体制指的就是社会体制,是"社会机构与社会规范两个基本要素所组成的结合体或统一体"①。其中,社会机构是载体,社会规则是核心,没有社会机构作为载体,社会体制就失去了赖以存在的基础,没有维持社会机构基本运转的规则体系,社会体制也难以顺利运行。在社会科学领域,体制的含义更多体现为系统内部的组织制度及其隶属关系。体制是否完善重在权责范围划分的合理与否。

制度是一个具有多重含义的概念,《辞海》对制度的界定是:要求成员共同遵守的、按照一定程序办事的规则或行动准则;一定历史条件下形成的政治、经济和文化等方面的体系。美国学者诺斯从经济学的角度定义制度,认为制度是一个社会的游戏规则,是一系列被制定出来的守法秩序、行为道德以及伦理规范。马克斯·韦伯则从法学角度将制度定义为一定圈子里的行为准则。制度具有多层含义,从最基本的层面看,通常指社会制度,是指在一定社会生产力发展水平基础上建立起来的,能反映整个社会价值判断、价值取向的,由行为主体(主要是国家或国家机关)建立的用以调整活动主体之间社会关系的,具有强制性的正式的规范体系。

机制、体制和制度同属于制度范畴,三者既相互区别,又相互联系。从宏观和微观的角度来说,制度是三个概念中最宏观的、最抽象的也是最稳定的,体制是其中处于中观层次的概念,而最具体最微观的概念当属机制。三者的关系也很好理解,制度决定体制和机制的内容并由体制、机制表现出来,体制、机制的形成和发展要受到制度的制约。微观层次的机制有效运行,就会形成体制上的架构,最终为制度的确立提供依据;相反,如果政治生活对某项制度提出了变动的要求,也会首先在体制上有所反应,最终推动相应机制的建立和运行。

三、乡村治理机制的内涵

乡村治理机制解决的是治理结构的功效最大化的问题,其终极目的是

---

① 孙绵涛:《关于体制改革与机制创新关系的探讨》,《华中师范大学学报(人文社会科学版)》2009年第4期。

解决乡村社会公共问题，体现为主体间的有机联结和一系列的规则安排。

第一，乡村治理机制具有明确的目标指向性。社会领域中的许多机制都是为了实现某种目的而建构的，乡村治理机制的建构也是有一定目的的，其主要目的就在于：探寻乡村社会内部的构成要素以及维系这些要素之间相互作用的制度安排，探寻乡村治理主体相互作用的良性运行模式，从而能够在外部条件发生不确定性变化时迅速作出反应，调整策略或重新制定规则，理顺主体间的关系，以利于乡村治理目标的实现。

首先，建构乡村治理机制的第一个目标就是协调治理主体间的关系，形成有利于乡村治理机制运行的治理结构。乡村治理结构是乡村治理机制运行的重要载体，乡村治理机制能不能良性运行，治理任务能不能完成，目标能不能实现，关键看治理结构是不是合理，是不是有利于治理行为的转化。各乡村治理主体在常态的结构下，能够维持治理系统的正常运转，能够实现对乡村公共事务的处理和公共问题的解决，但是如果环境发生了变化，或者需要处理的事务和问题超出了治理主体的能力范围，乡村治理的基本结构就很难发挥应有的功效。因此，必须通过制度安排理顺主体间关系，形成有利于目标达成的基础结构。

其次，建构乡村治理机制的终极目标是解决乡村社会治理问题，实现乡村社会公共利益最大化。作为影响中国经济社会发展的关键性因素之一，中国的"三农"问题一直以来都吸引着众多学者的眼光。进入21世纪以来，随着各项强农惠农富农政策的不断推出，特别是社会主义新农村建设的顺利推进，中国农村发生了重大变化，中国农民的生活也大大改善。然而，近年来中国农村发展的现状却表明，乡村社会治理问题凸显，村民自治日益形式化和行政化，乡镇政府治理出现有利就"越轨"、无利就缺位的窘境，影响了乡村振兴战略的顺利实施。要解决这些问题，就需要进一步完善和创新乡村治理机制。

第二，乡村治理机制是不同治理主体有机联结形成的完整系统。根据机制是由各组成要素之间相互作用、相互联系而形成的一种联结这一观点可知，乡村治理机制就是由乡村治理主体间相互联系、相互作用形成的运作方式和机理。

乡村治理机制的最基本构成要素是治理主体，没有治理主体，治理机制也就成为无本之木。乡村治理关系到每一个在乡村生活的人的切身利益，乡村公共事务的处理和公共问题的解决，需要尽可能多的社会力量参与到乡村治理的实践中，因而，每一个人都是事实上的乡村治理主体。此外，乡村治理主体间的关系是一种有机联结，其特点是，维系主体间关系的纽带是他们之间不可摆脱的相互依赖。当前乡村治理的内容越来越复杂，需要集合多方力量来共同处理的事务也越来越多，单中心的治理模式已经不再适应乡村社会的变迁，因此，必须确保各治理主体间的双向互动，形成治理主体间的有机联结。

第三，乡村治理机制内含一系列的制度安排。制度因其必须被强制遵循的特征为乡村治理提供了重要条件：一是制度使各乡村治理主体在处理公共事务时有章可循。没有规矩，不成方圆，乡村治理中的正式或非正式的制度能够规范相关主体的活动，遏制一些非法的活动，从而推动乡村治理的良性运行。二是制度也是使各乡村治理主体之间的有机联结能够得以稳定下来的强有力保证。因此，从外在形式上来看，乡村治理机制内含一系列有内在联系的制度。

总之，乡村治理机制是依据一系列制度形成的，用以协调各治理主体间的相互关系、相互作用，使之发挥一定功能的运作方式和运行机理。

第二节　乡村治理机制的基本要素

乡村治理机制由诸多要素相互联系、相互作用而形成，其中，谁是主体、主体间又遵循什么样的规则以及形成怎样的关系，是研究乡村治理机制问题时不能回避的重点所在。机制和要素之间是整体和部分的关系，要素发生变化，机制的运行势必受到影响，因此，我们在考察乡村治理机制的时候，要明确其基本的构成要素。

一、乡村治理主体分析

处理乡村公共事务、解决乡村公共问题是乡村治理机制运行的目的，因此，首先需要乡村治理主体来处理乡村公共事务和解决公共问题，从这个角度来说，治理主体是首要的构成要素，而且是核心的构成要素。没有治理主体，乡村治理机制也就成为无本之木，失去了存在的可能。

乡村治理主体指的是"凭借各种资源，参与乡村治理活动的组织、机构和个体"[①]。乡村治理主体包括了乡村社会中的各种组织、机构和个人，任何单独的个体都必须重视与其他个体的互动，都不能过分扩张自身权力。改革开放以前，在我国运行20年的人民公社体制，使国家对农村社会实现了严格的控制，政府成为实际上唯一的管理主体。20世纪80年代以来，随着村民自治制度在广大农村普遍实行，乡村社会力量开始进入乡村治理领域并发挥相当作用，乡村治理主体的多元化成为必然趋势。尤其是进入21世纪以来，单纯的政府管理难以应对所有乡村公共事务和公共问题，因此，政府不再而且不应该是乡村社会唯一的管理主体，必须调动乡村社会组织和村民参与到乡村治理的实践中。此外，乡村治理是一个庞大的系统工程，要面临和解决的任务非常繁杂，任何个体都没法单独完成，因而，要取得良好的治理效果，必须动员各方社会力量参与其中并结成相互依赖、相互合作的有机体。

随着乡村治理实践的不断发展以及人们对于乡村社会问题认识的不断深化，当前乡村治理主体多元化趋势已经成为理论界的共识。对于乡村治理主体的类别划分，不同的学者持有不同的意见。笔者认为，从宏观层次上，乡村治理主体可划分为体制性的和非体制性的两类乡村治理主体，而从微观层次上，乡村治理主体包括普通村民和乡村精英。

对我国而言，乡村治理主体有如下特点。

第一，体制性乡村治理主体。所谓体制性乡村治理主体是指被纳入国家体制设计内部并以国家制度、法律、政策为支撑和依托的主体，这类主体掌握着乡村重要的政治和组织资源，是主要的乡村治理主体。当前，在乡村治理实践中，这类体制性主体包括农村基层党组织、乡镇政府、村民委员会、村民会议或村民代表会议。

---

① 任艳妮：《乡村治理主体围绕治理资源多元化合作路径探析》，《农村经济》2011年第6期。

首先，农村基层党组织是乡村治理机制中的领导核心。中国共产党是中国特色社会主义事业的领导核心，农村基层党组织是党在乡村的组织基础，是乡村各项工作的领导者。《村民委员会组织法》第四条明确规定，农村基层党组织发挥领导核心作用。农村基层党组织主要是通过贯彻执行党的路线方针政策、对村庄重要事务提出意见及为村民服务来实现它的领导。

其次，乡镇政府发挥主导作用。中国多年来乡村治理模式的变迁，始终伴随着国家和社会力量的博弈。20世纪80年代以后，以直接民主为主要特点的村民自治普遍推行，国家对农村的全面控制被打破，尤其是农村税费改革实行后，国家政权在一定程度上从乡村社会退出，农村基层民主获得较大发展空间。然而不可否认的是，代表国家力量的乡镇政府依然是乡村社会重要的治理主体，发挥着重要的主导作用。作为中国最基层的政权机关，乡镇政府直接面对乡村社会。同时，作为国家政策输出的终端，乡镇政府又成为公共服务和公共产品的直接提供者，需要不断向农村输入各种资源。《村民委员会组织法》第五条规定明确了乡镇政府同村民委员会是工作上的指导与被指导的关系，乡镇政府作为公共服务和公共产品的主要提供者依然是重要的乡村治理主体。

再次，村民委员会是重要的体制性治理主体。从某种程度上说，村民委员会作为治理主体的资质是得到国家制度认可的。2010年修订的《中华人民共和国村民委员会组织法》对村民委员会的性质、地位、职能以及构成等作了全面规定，从而使得村民委员会成为真正具有合法性的治理主体。

最后，村民会议或村民代表会议也是体制性的治理主体。村民会议或村民代表会议是村民自治的决策机构，《村民委员会组织法》对其合法主体地位也有明确规定，如村庄内部涉及村民利益的许多重大事项必须经过村民会议讨论后方能决定等。甚至在许多地方，村民会议或村民代表会议实际上成为连接村干部和村民的媒介，起着重要的桥梁作用，是名副其实的治理主体。

第二，非体制性乡村治理主体。所谓非体制性乡村治理主体指的是没有被纳入体制设计的、国家制度框架外的治理主体，与体制性治理主体掌握政治资源和组织资源不同，这类主体主要掌握经济资源和文化资源，一定存量的社会资本是其参与乡村治理的条件。

首先，各类乡村社会组织是重要的非体制性治理主体。中共十七大明确提出，要重视社会组织建设，此后，中共中央国务院关于"三农"工作的一号文件连续强调要强化农村基层组织建设，"培育发展社区服务性、公益性、互助性社会组织"[①]，充分发挥这些社会组织的积极功能。乡村社会组织的发展壮大，可以更好发挥其对乡村社会的调节作用，既可以参与公共服务的提供，弥补乡镇政府在这方面的不足，也可以对乡村社会关系予以调解，从而有助于形成和谐稳定的乡村社会环境。所以，乡村社会组织是基层民主良性运行赖以实现的组织基础，是重要的非体制性乡村治理主体。

其次，乡村宗族在某些农村地区也属于非体制性治理主体。宗族曾经是非常重要的乡村治理主体，拥有管理宗族内部成员的权限。新中国成立后，宗族的合法性地位逐渐丧失，组织形态逐步趋于瓦解，最终被清理出乡村治理体制。20世纪80年代以来，许多地方的宗族组织开始重建，并发挥一定的治理作用。总的来说，宗族为当地日常生活提供了基本的规则，使之有序运行而不至于失范，具体体现为规制功能、组织功能、参与功能、物资援助功能和规劝与惩处功能。但是，在乡村治理的实践中，宗族作为治理主体，有时也有一定的负面作用，这主要看宗族的素质、乡村文化氛围等因素。

第三，微观层次上的乡村治理主体。从微观层次来看，个人既是乡村治理的行动主体，同时也是乡村治理的目标主体。个人总是存在于各种社会关系之中，并时刻同国家和社会密切联系。如果脱离了国家和社会层次上的治理主体，乡村治理是无法运行的，同样，如果没有了个人的参与和认可，乡村治理也是无效的。微观层次上的治理主体包括普通村民和乡村

[①] 《中共中央国务院关于"三农"工作的一号文件汇编（1982—2014）》，人民出版社2014年版，第218页。

精英。

首先,广大村民是乡村治理的主体力量。新中国成立前,农民是被统治者而不是治理者。新中国成立后,广大村民才从法律和制度上赢得了作为国家主人的权利。从当前乡村治理实践来看,村民是乡村治理的主体力量,这是具有法律上的资格认同的。《村民委员会组织法》第一条规定,立法的宗旨是为了保障农村村民实行自治,由村民依法办理自己的事情,发展农村基层民主,维护村民的合法权益;第十一条规定村民委员会主任、副主任和委员,由村民直接选举产生;第二十一、二十二条同样规定村民有权通过村民会议决定村中重大事项。因此,从这个角度来说,村民理应成为重要的乡村治理主体。此外,乡村治理就是对乡村社会公共事务进行处理,作为与乡村事务密切相关的广大村民,必然成为乡村治理过程中最重要的参与主体。

其次,乡村精英成为当前重要的微观层次上的治理主体。19世纪末、20世纪初,"精英"一词随着帕累托社会精英理论的提出而出现于社会科学领域并被广泛使用,帕累托认为,精英是社区中或某一领域内部具有特殊才能或杰出能力的成员。一般来说,社会精英在权力、财富和声望等方面占有较大优势。20世纪80年代,随着家庭承包责任制的推行,在农村出现了一批扮演重要角色并活跃于各个领域、推动农村经济社会建设的重要力量,研究者称其为"乡村精英"。乡村精英是指在乡村社会中拥有或能调动更多的优势资源、个人能力较强并因此在乡村社会中产生较大影响、能够为乡村社会建设作出重大贡献的成员。乡村精英在乡村社会意见表达、政策执行与评估以及信息反馈等方面起着重要作用,扮演乡村社会"守门员"的角色。乡村精英可能来自普通村民群体,也可能来自乡村党员干部,还可能来自外聘的大学生村官、技术骨干或者管理人才等群体。他们可以是某一方面或领域内的单一精英,也可以是拥有多种资源、身兼多重身份的多重精英。

现阶段,我国乡村社会中的精英主要分为体制内精英和体制外精英两种,体制内精英主要是乡村干部,其影响力来源于国家政权体系的正式授权和认可,体制外精英主要是乡村社会中的其他精英,其影响力则来源于乡村社会中的文化认同以及其他方面的利益联系，其群体边界不明晰，组织水平也较低。

二、乡村治理结构释析

从系统论的角度来说，机制是指系统内部组成部分之间相互作用的过程和方式，机制表达的是系统动态的运行过程，即由结构到行为的转化过程。世界上任何事物都存在一定的结构，结构决定着事物的属性和功能。机制以结构为载体，由结构所主导和产生。治理结构指各治理主体之间的有序搭配和排列，治理结构的不同决定了各个治理主体在治理机制中的地位、掌握的资源以及发挥作用的范围和力量大小等方面具有差异，进而影响治理机制的功能发挥和目标实现。

第一，乡村治理结构的内涵。结构这一概念具有丰富的内涵，指事物外部的组织形式和内部的逻辑联系。乡村治理结构指的是"各治理主体在各自权力、职责范围基础上的行为模式以及相互之间的关系"[1]，也就是乡村治理主体在乡村治理过程中通过彼此持续互动而形成的关联模式。乡村治理结构有时可以与乡村治理体制或乡村治理模式互换，其具体含义包括如下三点。

首先，乡村治理主体是多元的。从国家和社会关系来看，乡村治理主体可以是体制内的官方权威，也可以是体制外的民间社会组织或乡村精英。随着整个社会经济发展水平的提升，乡村社会力量开始成长壮大，国家与社会关系出现均衡互动，乡村治理主体趋于多元化，从宏观层次上的农村基层党组织、基层政权组织、村民自治组织、民间社会组织到微观层次上的普通村民和乡村精英，凡是参与到乡村治理过程中并发挥一定影响的组织、群体和个人都称为乡村治理主体。

就当前中国的乡村治理而言，农村基层党组织居于乡村治理机制中的领导地位，作为重要的治理主体发挥核心作用，总揽全局，协调各方利益。乡镇政府不但承担着为乡村社会提供公共服务和公共产品的重要职

---

[1] 马宝成：《乡村治理结构与治理绩效研究》，《马克思主义与现实》2005年第2期。

能，更是连接国家与社会的重要媒介，既要向乡村社会输出各种资源，又要对乡村社会的经济社会发展负责，其职能履行情况在一定程度上影响着乡村公共问题的解决，因此，从这个角度来说，乡镇政府作为重要的乡村治理主体发挥主导作用。农民作为与乡村治理各项任务密切相关的主体，在村民自治中发挥主体作用，同时也要以乡村社会组织为依托参与乡镇政府治理过程，从而成为规模最大的乡村治理主体。此外，乡村社会组织不但可以满足农民的多方面需求，而且还可以充当政府与农民互动的媒介，是乡村社会自我调节的重要主体力量。除此之外，当前中国的乡村治理主体还包括村民自治组织、宗族组织、乡村精英等各种组织、机构和个人。

其次，乡村治理主体间的关系是错综复杂的。乡村治理机制着重强调对乡村治理主体间关系进行协调，通过理顺主体间关系实现乡村治理机制的完善和良性运行。当前中国乡村治理结构从本质上来说是由各个治理主体间相互作用形成的网状关系结构。从村庄内部来看，既包括村级党组织和村民委员会之间、村民委员会和村民会议或村民代表会议之间、村级党组织或村民委员会与乡村其他社会组织之间关系，也包括普通村民与乡村农民组织或乡村精英的关系。从乡村关系来看，既有乡镇政府与村民自治组织之间的关系，又有乡镇政府同农村基层党组织之间的关系，还有乡镇政府同农民和乡村社会组织之间的关系；既有横向上的合作互动关系，又有纵向上的指导与被指导的关系以及农村基层党组织实施的全面领导，有时还是纵横关系的交错。

最后，乡村治理主体根据各自角色规定发挥作用。这里指各治理主体在乡村治理过程中，其职责权限、角色定位以及功能发挥等都有相应的制度安排和规定。一般来说，我们在描述一个特定的政治结构时，要侧重说明结构中各种角色之间的联系，也就是说，在这个政治结构中，每个人都有特定的位置，并按照角色要求以及人们对其期望的方式行事。按照具体的制度规则形成的乡村治理内部结构具有运行成本低和运行效率高的特点。

中国共产党是执政党，是中国各项事业的领导核心，必须通过党在农村的基层组织发挥领导核心作用。20世纪80年代初，随着第一个村民委员会的诞生，村民自治制度开始实行，中国乡村形成了"乡政村治"的治理格局，一方面，乡镇政府代表国家行使管理权；另一方面，村庄内部事务由广大村民通过村民自治组织实行自我管理、自我教育和自我服务。随着乡村社会组织力量的不断成长，村民自治组织在乡村治理中发挥着越来越重要的作用。由此，中国实际上形成了以农村基层党组织为领导核心的乡镇政权、村民自治组织和乡村社会组织的结合，并实现了彼此的衔接和互动。这就决定农村基层党组织在乡村治理机制中发挥全面领导作用，即总揽全局，协调各方利益；乡镇政府代表国家对乡村社会行使管理权，履行促进经济发展、强化公共服务、加强社会管理、推进基层民主等职能；广大农民以村民委员会等自治组织为载体实行自我管理、自我教育和自我服务；乡村社会组织发挥其对乡村社会的调节作用。由此，在乡村治理实践中就形成了乡镇政府治理、村民自治和乡村社会自我调节的衔接和互动。

第二，乡村治理结构的类型。乡村治理结构作为国家治理体系的基础性部分，其优劣不仅影响到政府职能在乡村社会能否有效行使，更关系到中国乡村社会能否适应发展需要实现向现代转型。从乡村治理结构的内涵来看，可以将乡村治理结构划分为不同的类型。

首先，乡村治理的关系结构。乡村治理结构的内涵表明乡村治理结构本质上就是各个治理主体之间的关系结构。治理主体间的不同关系决定着治理结构的不同形态，同样，不同的治理结构决定其行为主体间的关系也是不同的。根据治理主体间的互动模式，学术界将公共治理结构划分为两种类型，一种是线形治理结构，另外一种是网络治理结构。线形治理结构的特点是政府作为单一的治理主体垄断治理资源，并在与其他治理主体互动中体现单向度权威；网络治理结构则是在多元治理主体相互信任和互动的基础上形成的，乡村网络治理结构意味着民间的社会力量将作为独立的决策主体，围绕乡村社会特定的公共议题，与官方的治理主体按照一定的规则合作互动，它必然要求村民的广泛参与和社群的自治。当前，中国乡村治理结构是一种网络治理结构，各乡村治理主体围绕乡村公共问题的解决展开互动，从法律上说，每一个治理主体的地位都是平等的。此外，中国乡村社会发展的特殊性，决定了这些乡村治理主体发挥的具体作用是不一样的，其在乡村治理结构中的地位也是不一样的，农村基层党组织是领导核心，乡镇政府发挥主导作用，农民发挥主体作用，乡村社会组织发挥重要的协同作用。

其次，乡村治理的权力结构。从政治学意义上讲，政治的核心问题就是权力如何分配的问题。早在2000多年前，亚里士多德就对权力分配作出深刻阐述，在他看来，权力既可以为统治者利益服务，也可以为公共利益服务。乡村治理就其本质来说，就是通过乡村公共权力的运用来实现乡村公共利益的最大化，从这个意义上说，乡村治理结构就是乡村权力结构。当前中国的乡村权力可以划分为体制内权力和体制外权力两种类型。体制内权力包括以下三个层面：从上而下嵌入村庄的行政权力，在这里主要指乡镇政府的行政权；以村庄自治组织为载体的自治权；村民对村级治理的权力。体制外权力主要是指那些在血缘和地缘基础上产生的传统的支配力量或者因为某种宗教信仰而形成的信仰关系中的支配力量。从乡镇政府角度来看，其权力一方面来源于人民授予和法律规定，另一方面也来源于农村基层党组织和乡镇人民代表大会及上级人民政府。乡镇政府对村庄行使行政管理权，对上级政府和本级人民代表大会的命令和决议拥有执行权，主要是体制内权力。从村庄范围内来说，其公共权力主要有决策权、执行权和监督权三类，决策权由村民会议、村民代表会议行使，村民委员会享有执行权，而监督权由村民监督委员会行使。从根本上说，村庄的自治权属于村民，通过村民自治组织予以行使。村庄内部的公共权力也是一种体制性权力。从当前中国乡村治理的实践来看，其权力结构表现为行政权和自治权的互动。

三、乡村治理的规则体系诠释

无规则即是无理性，任何社会机制的运行都要有一整套规则体系作为保证，规则是乡村治理机制有效运行的基础和保障，它影响着乡村治理机制的功能发挥。所谓规则，就是用来规范、控制和调整人们相互交往行为的准则和规程，合理、完善且界定清晰的规则能在很大程度上增加人们的理性行为，使其对特定事务的处理更符合互动对方的心理预期，从而有效避免各种矛盾和冲突，使人类互动能够顺利进行。从这个角度来说，规则成为维系乡村治理多元主体有机联结的可靠媒介。在乡村治理实践中，既存在正式的规则，也存在非正式的规范。

第一，乡村治理中的正式制度。规范化是人类行为特有的属性，正是由于规范的生成，人类社会才得以建立起一种秩序并进而进入文明社会。规范可以是成文的，也可以是默许的，成文的规范我们称之为规则。规则的建立使得对社会秩序的维护以制度的形式建立起来，人类的社会活动变成了制度框架内的活动，因此，特定治理体系和治理活动的合理与否就体现在其规则体系的完备与否上，制度化水平的高低也成为衡量乡村治理机制优劣与否的重要标准。所谓正式制度，是指人们为了特定目的有意识建立起来的、被正式确认的、需要强制执行的一系列规则的总称，包括法律法规、政策、规章等。制度的执行需要强大的权力机构作为后盾。在乡村治理实践中，正式制度主要包括国家供给到乡村社会的法律法规、政策文件等。

首先是国家的宪法和法律。时至今日，善治已经成为人类政治社会发展的理想目标，简单说就是实现政治主体对公共事务、公共生活的合作处理。衡量社会治理是否善治的标准有很多，其中最重要的就是合法性和法治，其中，法治指法律是公共治理的最高准则，法律面前人人平等。习近平在主持十八届中央政治局第四次集体学习时提出，要"坚持法治国家、法治政府、法治社会一体建设，不断开创依法治国新局面"[①]。习近平强调，提升社会管理法治化水平不但要加强法律体系建设，更要优化法治环境，使法律成为人们一切活动的准绳。宪法和法律是保证乡村治理机制良性运行的最理性的规则，任何的乡村治理主体都必须遵照宪法和法律的要求行事，并履行相应的权利和义务。法律在乡村治理机制运行中具有以下重要功能。

乡村治理主体的资格和权利需要法律予以确认和保障。乡村治理机制

---

① 《习近平谈治国理政》，外文出版社2014年版，第144页。

的运行和完善要求多元主体参与到对乡村社会公共事务的处理中，也就是说，乡村治理面对的任务非常复杂，涉及的主体也是多重的，在这个过程中，特定个体、组织甚至国家机关有没有资格参与或者说以怎样的方式参与到乡村治理实践中，都需要用法律予以确认。《中华人民共和国宪法》规定，凡是具有中华人民共和国国籍的人都是中华人民共和国的公民，按照该项规定，村民是法定的乡村治理主体。《村民委员会组织法》进一步对基层党组织和乡镇政府在村民自治中的作用，村民委员会的组成和职责，村民的选举和被选举的资格、权利以及村民会议和村民代表会议的组成和召开等都作出了相应规定，明确了乡村治理的主体既包括宏观层次上的各种体制内和体制外组织主体，也包括微观层次上的村民。

乡村治理机制的运行必须合乎法律。为了对纷繁复杂的乡村公共事务进行及时有效处理，各个乡村治理主体势必要结成彼此密切合作的互动关系，而在彼此合作的过程中每一主体的职责、任务都必须明确规定，以使互动能顺利进行。在法治国家里，法律是最为具体和明确的行为规范，因而也具有鲜明的规范作用。乡村治理机制的运行如果脱离了法律的规范，其结果不是导致行政专制就是形成无政府主义，无论哪一种情况都是与乡村治理机制运行的终极目标背道而驰的。

其次是党和国家制定的各项政策。政策是指"国家、政党为实现一定历史时期的路线和任务而规定的行动准则"。从乡村治理机制运行的角度来说，政策就是借助权威力量来实现对治理主体行为的规范，从而发挥其整合作用。新中国成立后，执政的中国共产党通过国家政权组织实施政策，依靠政策实现对国家和地方的治理，党组织向农村基层延伸的过程也是政策不断向农村渗透的过程。1982年至1986年，中共中央连续五年发布以"三农"为题的一号文件，针对农业发展和农村改革作出重要部署，虽中间有过停顿，但2004年以后每年中共中央国务院都会发布以"三农"为题的一号文件，针对社会主义现代化建设不同时期面临的不同任务作出新的部署和指示，成为乡村治理实践中不可或缺的指导规范。党和国家通过将政策渗透到乡村社会内部，推动国家权力的集中，促进乡村社会的组织化和规范化，强化广大农民群众对党和国家的政治认同。进入21世纪以来，为化解乡村发展危机，党和国家又制定了以"多予、少取、放活"为基本原则的多项强农惠农富农的政策，并将这些政策嵌入乡村社会。在国家以惠农政策为载体向乡村输入资源的过程中，乡村治理资源得以重新配置，主体间的互动关系得以重新理顺，乡村治理机制得以良性运行。

第二，乡村治理中的非正式制度。乡村治理机制运行中对治理主体关系的协调和行为的规范，除了需要法律法规等正式制度，还需要有一定的非正式制度，作为对正式制度的有效补充。所谓非正式制度，指在人们长期的共同生活和社会交往中逐渐形成的需要被共同遵守的约定俗成的行为准则。乡村社会的非正式制度虽产生于乡间地头，却内化于村民心中，一旦逾越便会受到来自熟人社会的谴责和惩戒。乡村治理中的非正式制度主要表现为伦理道德、风俗习惯以及村规民约等。

首先，伦理道德是重要的非正式制度。道德规范是人们自觉的行为准则，主要依靠人们的羞耻感来维持其自律性行为。道德是一种不成文的非正式制度，是历史长期积淀的产物。作为人类社会特有的属性和现象，道德以价值和规范的形式调整社会关系，可以说，道德对乡村社会秩序起着重要的调节作用，是乡村治理机制赖以运行的重要规则保障。道德作为非正式制度起作用的方式主要是通过对遵守或违反道德的成员施以奖励或惩戒，从而在乡村社会内部形成特定的人际关系格局，进而维系乡村社会基本秩序，实现乡村社会的稳定发展。

其次，风俗习惯也是一种常见的非正式制度。风俗习惯是人们长期共同生活的产物，是在一定文化区域内群体成员共有的行为模式。之所以说风俗习惯是一种非正式制度，是因为人们对它的遵循往往具有自发的无意识的成分，风俗习惯对于群体成员来说就是本应如此的行为，并不需要刻意去遵循。风俗习惯往往与人们日常生活中的人情往来、节日盛典以及婚丧嫁娶等密切相关，对乡村社会关系具有一定的调节作用。

最后，作为村民自治制度化体现的村规民约也是一种非正式制度。一般来说，村规民约是村民以道德为基础、以法律和政策为准绳并结合当地实际情况制定出来的，为本村村民共同遵守的行为规范。村规民约是一种介于正式制度和非正式制度之间的民间行为规范，主要表现为村民的权利义务书，它是针对乡村社会公共事务、经由村民会议讨论并表决通过的社会契约。村规民约的制定和具体实施实现了村民的自我管理、自我教育和自我服务。

第三节　乡村治理机制的应然功能

探究乡村治理机制的功能，首先要理解什么是"功能"。功能一词源于《管子·乘马》，演化至今有两个意思，即事功与能力，功效与作用。在英语中，function一词的基本含义就是事物所发挥的作用或功效。乡村治理机制的功能，就是乡村治理机制作为一个具有特定结构的系统，在其运行的过程中，通过各治理主体的相互作用以及相关的制度建设而产生的作用或功效。联系当前中国乡村社会发展的实际，乡村治理机制的合理建构并良性运行既是社会主义新农村建设的必然要求，同时也是推动农村各项工作顺利开展的动力保障，发挥着推动农业农村经济发展、推进农民基层民主政治建设、促进农村精神文明建设和确保农村社会和谐稳定的重要功能。

一、推动农村经济社会发展

中共十九大明确提出实施乡村振兴战略，对新发展阶段优先发展农业农村、全面推进乡村振兴作出总体部署，此后几年又连续出台相关政策针对乡村振兴战略的实施作出相应部署，为做好当前和今后一个时期的"三农"工作指明了方向。习近平总书记强调，乡村振兴的前提是巩固脱贫攻坚成果，其深度、广度、难度都不亚于脱贫攻坚。2020年12月，在中央农村工作会议上，习近平发表重要讲话时指出："从世界百年未有之大变局看，稳住农业基本盘、守好'三农'基础是应变局、开新局的'压舱石'。""尽管我们的'三农'工作取得了显著成就，但农业基础还不稳固，城乡区域发展和居民收入差距仍然较大，城乡发展不平衡、农村发展不充分仍是社会主要矛盾的集中体现。"①因此，补齐农村这块短板需要继续推动农村经济社会发展。中国乡村治理机制的确立和运行不但给农村经济提供了较好的发展环境，还通过理顺主体间关系，促进乡村治理任务的顺利解决，也在一定程度上推动了农村经济社会发展。

第一，良性运行的乡村治理机制为农村经济社会发展提供了动力保障。马克思主义政治经济学揭示了经济与政治之间的辩证统一关系，即政治发展水平从根本上说，由经济发展水平制约和决定，反过来也会对经济发展起促进或阻碍作用。在整体推进"五位一体"的社会主义新农村建设的过程中，农村的政治体制改革实际上起到了促进农村经济发展的重要作用，为农村经济社会发展提供了源源不竭的动力。

首先，良性运行的乡村治理机制为农村经济社会发展创造了良好的外部环境。农业的现代化、农村经济的发展离不开良好的政治环境和稳定的社会环境。乡村治理机制的建立和完善进一步理顺了国家与社会的关系，推动了农村基层民主政治建设，同时，乡村治理主体间关系的协调又实现了农村社会的和谐稳定，从而有利于农村经济社会快速发展。从这个角度来说，乡村治理机制的完善是推动农村经济社会进一步发展的前提条件之一。

其次，乡村治理机制的良性运行确保了乡村治理任务的顺利完成。乡村治理是对乡村公共事务的处理，是一种综合治理，其内容涵盖了关系村民利益的方方面面，既有政治方面的问题，又有经济方面的问题，还有文化和社会、生态方面的问题。通过调整乡村治理主体间相互关系和相互作用来实现良性运行的乡村治理机制，明确了各治理主体在机制运行过程中的地位和作用，通过一系列规则体系确保乡村治理主体的行为紧紧围绕乡村治理目标任务的实现，从而确保乡村公共问题的顺利解决，也在一定程度上推动了农村经济社会的发展。

第二，乡村治理机制中农村基层党组织的领导核心地位是农村经济社会发展的保障。"加快农业现代化和农民奔小康，必须坚持党总揽全局、

---

① 《习近平谈治国理政》第 4 卷，外文出版社 2022 年版，第 194 页。

协调各方的领导核心作用,改进农村工作体制机制和方式方法,不断强化政治和组织保障。"[①]农村基层党组织肩负着带领广大农民群众致富奔小康和建设社会主义新农村的职责,更担负着推动农村经济发展的重任。《中国共产党农村基层组织工作条例》对乡镇党委的主要职责作出过明确规定,除了要贯彻执行党的基本路线方针政策以及上级党组织和本级党员大会的决议,主要是发挥领导核心作用,既要领导行政机关和群众组织依照国家法律法规和各自章程行使职权,又要领导本乡镇的民主法治和精神文明建设,除此之外,还要对涉及本乡镇经济建设和社会发展的重大问题作出决定,并且要做好其他综合性工作。农村基层党组织在乡村治理机制中的领导核心地位确保其为推动农村经济社会发展而作出的决策、指示、命令都能得到贯彻落实。

二、推进农村基层民主政治建设

2013 年中共中央一号文件明确提出完善乡村治理机制,"顺应农村经济社会结构、城乡利益格局、农民思想观念的深刻变化,加强农村基层党建工作,不断推进农村基层民主政治建设,提高农村社会管理科学化水平,建立健全符合国情、规范有序、充满活力的乡村治理机制"[②]。作为农村基层群众性自治制度,村民自治制度实行 40 多年来,虽然在较大程度上推动了乡村基层民主的发展,但仍存在一定问题,干扰了农民的有序政治参与,影响了农民的直接民主权利的有效行使。乡村治理机制的进一步完善可以实现村民自治的良性运行,推进农村基层民主政治建设。

第一,加强农村基层民主政治建设是乡村治理机制运行的题中应有之义。中共十八大提出要完善基层民主制度,"在城乡社区治理、基层公共事务和公益事业中实行群众自我管理、自我服务、自我教育、自我监督,是人民依法直接行使民主权利的重要方式。要健全基层党组织领导的充满

[①]《十八大以来重要文献选编》(下),中央文献出版社 2018 年版,第 121 页。
[②]《中共中央国务院关于"三农"工作的一号文件汇编(1982—2014)》,人民出版社 2014 年版,第 269 页。

活力的基层群众自治机制"[①]。根据这一会议精神,加强农村基层民主管理就是进一步健全村党组织领导的充满活力的村民自治机制,确保农民直接行使民主权利;推进农村基层民主政治建设就是要规范以民主选举、民主决策、民主管理和民主监督为特征的村民自治的运行,确保农民的有序政治参与。村民自治机制的运行是当前中国乡村治理机制的重要组成部分,乡村治理机制的建立,本身就蕴含着推进农村基层民主政治建设之义。此外,从乡村治理机制的建立和运行来看,乡村治理的规则体系已经对各乡村治理主体间尤其是乡镇政府与村民委员会、农村基层党组织与村民委员会等关系做出明确规定,减少了其对村民自治权的干预,保证农民能直接行使民主权利,在一定程度上促进了农村基层民主政治建设。

第二,乡村治理机制的完善有助于进一步推进农村基层民主政治建设。当前中国乡村治理机制强调了乡镇政府治理、村民自治和乡村社会自我调节的良性运行及有效衔接,乡村治理机制的进一步完善可以推进农村基层民主政治建设。完善乡村治理机制的重要内容之一是完善村民自治的运行机制。当前,村民自治的运行出现一定困境,表现为程序上的不平衡运行,重民主选举,轻民主决策、民主管理和民主监督,并由此导致一系列治理问题。完善乡村治理机制,需要规范村民自治的运行,实现"四个民主"的有机统一。2016年中共中央一号文件强调创新和完善乡村治理机制,"在有实际需要的地方开展以村民小组或自然村为基本单元的村民自治试点。建立健全务实管用的村务监督委员会或其他形式的村务监督机构。发挥好村规民约在乡村治理中的积极作用"[②]。从这个角度来说,完善乡村治理机制、规范村民自治运行的过程,就是推进农村基层民主政治建设的过程。

三、促进农村精神文明建设

农村精神文明建设是社会主义精神文明建设的重要组成部分,是社会

[①] 《十八大以来重要文献选编》(上),中央文献出版社2014年版,第21页。
[②] 《十八大以来重要文献选编》(下),中央文献出版社2018年版,第122—123页。

主义新农村建设的重要内容。改革开放特别是中共十六大以来，我们党始终把文化建设放在党和国家全局工作重要战略地位，坚持物质文明和精神文明两手抓。2016年中共中央一号文件提出，要深化农村精神文明建设，"深入开展中国特色社会主义和中国梦宣传教育，加强农村思想道德建设，大力培育和弘扬社会主义核心价值观，增强农民的国家意识、法治意识、社会责任意识，加强诚信教育，倡导契约精神、科学精神，提高农民文明素质和农村社会文明程度"[①]。从乡村治理机制运行的角度来说，促进农村精神文明建设是乡村治理机制的应然功能，同时也是其良性运行的重要保证。

第一，良性运行的乡村治理机制有助于践行社会主义核心价值观。中国共产党从国家、社会、公民三个层面倡导了社会主义核心价值观，为社会主义精神文明建设指明了道路和发展方向。农村精神文明建设作为社会主义精神文明建设的重要组成部分，同样也要积极培育和践行社会主义核心价值观。乡村治理机制的完善要求扩大农村基层民主，确保农民直接行使民主权利，这既是农村基层民主政治建设的主要内容，同时也是在践行社会主义核心价值观，从这个角度来说，通过推进民主进程，在实践中提高农民的参与意识和民主素质，是加强农村精神文明建设的实际步骤。

第二，良性运行的乡村治理机制能够促进农村思想道德建设。2015年中共中央一号文件强调，要加强农村思想道德建设，"围绕培育和践行社会主义核心价值观，深入开展中国特色社会主义和中国梦宣传教育，广泛开展形势政策宣传教育，提高农民综合素质，提升农村社会文明程度，凝聚起建设社会主义新农村的强大精神力量"[②]。农村思想道德建设是指在农村思想领域内进行观念更新，破除旧风陋习的影响，使农民理解、掌握党和国家的方针政策，并产生投身建设的积极性，为农村发展提供动力的道德建设。可以说，乡村治理机制各构成要素在发挥作用的同时，也会在客观上影响农村思想道德建设情况。

---

① 《十八大以来重要文献选编》（下），中央文献出版社2018年版，第123页。
② 《十八大以来重要文献选编》（中），中央文献出版社2016年版，第283页。

首先,乡村社会组织调节作用的发挥有助于提升农村思想道德建设水平。当前,中国乡村治理机制强调社会力量的参与和协同治理,尤其是发挥乡村社会组织的自我调节作用。乡村社会组织具有公益性、服务性等特征,其调节作用的发挥有助于推动乡村公共精神的建立。此外,乡村社会组织以农民为服务对象,组织农民参与农村社会建设,并在这一过程中倡导平等、互惠和奉献等价值规范,从而提高了农民的思想道德水平,推进了农村地区的思想道德建设。

其次,党员干部的先锋模范作用有助于形成良好的社会风尚。农村基层党组织在乡村治理机制中居于领导核心地位,其纯洁的党风能够带动优良的政风和清新的民风。加强农村基层党组织建设,不但体现在党组织广泛的组织和工作覆盖,还体现在能使建立的党的基层组织运转起来,通过党员干部的率先垂范和引领作用汇聚社会正能量,带动整个农村地区的社会风气转变,并最终形成良好的社会风尚,从而提升农村的思想道德建设水平。

第三,乡村治理机制的建立和完善有助于提升农民的文化素质。乡村治理机制的建立和完善有助于推进乡镇政府治理能力现代化,实现乡镇政府职能向提供优质的公共服务转变,满足农民群众对基本文化服务的需求,从而可以在一定程度上提升农民的文化素质和农村精神文明建设的水平。

四、确保农村社会和谐稳定

随着全面建成小康社会进入决胜阶段,农村社会的和谐稳定显得尤为重要。当前,我国农业农村发展环境发生重大变化,既面临诸多有利条件,又必须加快破解各种难题。"农业基础稳固,农村和谐稳定,农民安居乐业,整个大局就有保障,各项工作都会比较主动。"[①] 乡村治理机制的建立和完善,既能通过利益整合、关系协调创设一种和谐的乡村关系格局,又能通过乡村社会组织的自我调节化解乡村社会矛盾,还能通过乡村治理规则体系的规范作用,维护良好的乡村社会秩序,因而能够确保农村

---

① 《十八大以来重要文献选编》(上),中央文献出版社2014年版,第658页。

社会的稳定，为农业农村经济的发展创造良好的社会环境。

第一，良性运行的乡村治理机制有助于构建农村和谐社会。乡村社会存在的各种矛盾和问题，在很大程度上体现为不同主体间利益关系上的矛盾和冲突，其重要原因就在于利益分配的不公平。为了实现乡村社会的和谐发展，需要发挥乡村治理机制的利益整合功能，利用制度建设合理配置资源，从而创设一种和谐的利益关系格局。利益整合功能是指在乡村治理机制运行的过程中，通过一定的制度将乡村社会利益按一定原则分配给不同的主体，以满足他们各自不同的利益需求，并通过协调不同主体间关系，将矛盾和冲突降到最低程度，将乡村社会各种力量稳固在特定的关系结构和利益格局中，从而推动乡村社会的良性运行和协调发展。利益整合功能的发挥是由乡村治理机制的特点决定的，同时也是乡村治理机制的内在要求，乡村治理主体依据各自角色要求行事本身就是对利益的协调和整合。此外，农村基层党组织发挥着重要的利益整合功能。中国共产党始终代表最广大人民群众的根本利益，这就决定农村基层党组织在处理乡村各项事务的过程中，必然会对乡村社会各种不同的利益进行协调，确保人民群众的根本利益能够顺利实现。

第二，良性运行的乡村治理机制有助于维持稳定的社会秩序。2013年，习近平在中央农村工作会议上讲话提出，要重视化解农村社会矛盾，确保农村社会稳定有序。习近平指出："要从完善政策、健全体系、落实责任、创新机制等方面入手，及时反映和协调农民各方面利益诉求，处理好政府和群众利益关系，从源头上预防减少社会矛盾。"[①] 乡村社会矛盾的有效化解，有赖于乡村社会组织调节功能的发挥，同时也离不开具体机制的完善。

首先，乡村社会组织自我调节功能的发挥有助于化解社会矛盾。乡村治理机制完善的重要标志之一就是社会力量的成长壮大和协同治理，乡村社会组织不但可以对乡镇政府提供公共服务形成某种有效补充，而且其更重要的功能就是针对乡村社会矛盾的化解。2014年中共中央一号文件强

---

① 《十八大以来重要文献选编》（上），中央文献出版社2014年版，第683页。

调，要维护农民群众合法权益，"通过人民调解、行政调解、司法调解等有效途径，妥善处理农村各种矛盾纠纷"[①]。乡村社会组织可以通过自发的纠纷调解、治安巡逻、心理疏导等活动发挥利益协调和矛盾调处的功能，推动乡村社会的稳定发展。

其次，政府和群众良性互动关系的形成有助于维持良好的社会秩序和稳定的社会环境。乡村治理机制的完善强调乡镇政府在处理公共事务的时候能够依法行政、阳光行政，履行其公共职能，从而在更大程度上获得农民的支持和拥护，减少因干群矛盾导致的农村群体性事件的发生概率。同时，乡村治理机制的完善打破了农民政治参与的种种限制，给予农村基层民主一定的发展空间，形成基层政权和社会力量的良性互动，也奠定了农村社会稳定的基础。

[①] 《中共中央国务院关于"三农"工作的一号文件汇编（1982—2014）》，人民出版社2014年版，第270页。

第三章
以农村基层党组织为领导核心的乡村治理机制

运行良好的乡村治理机制可以较好地处理乡村公共事务、解决乡村公共问题，实现乡村治理目标，反之则会导致或加重乡村社会发展的困境。20 世纪 80 年代初，国家恢复建立乡镇政权，并将基层政权止于乡镇一级，其下设村民委员会，实行村民自治，中国"乡政村治"的治理格局开始形成。随着农村改革、农村经济社会不断发展，农村组织化程度和水平也在不断提升，越来越多的乡村社会组织成为乡村治理中不可忽视的主体力量，在乡村社区公共服务和公共产品的提供方面以及乡村社会关系调节和行为规范方面发挥着重要作用。由此，中国形成了以农村基层党组织为领导核心的乡镇政府治理、村民自治和乡村社会自我调节彼此衔接互动的乡村治理机制。

第一节 农村基层党组织的领导核心地位

中国共产党是中国特色社会主义领导核心，中国共产党的领导是中国特色社会主义的最本质特征。所以，农村基层党组织要对乡村社会各类组织实施领导，负责协调各方利益，它是乡村治理主体的核心，并总揽乡村社会工作全局，发挥领导核心作用。农村基层党组织在乡村治理机制中居于领导核心地位，既是人民选择的结果，同时又是农村社会发展的现实需求。

一、农村基层党组织领导核心地位的历史与现实逻辑

农村基层党组织包括乡镇党委、村党支部以及党在农村经济社会组

织中的基层组织，是党在农村开展各项工作的基础。所谓领导核心，在这里指的是，农村基层党组织在乡村各治理主体中居于主导地位，对乡村各项工作和事务具有决定权，其行为对乡村其他组织和群体具有向心力。农村基层党组织在乡村治理机制中的领导核心地位，体现了中国共产党在农村的社会动员能力以及组织能力的绩效和范围。

第一，农村基层党组织在乡村治理主体中以及乡村治理机制运行中的领导核心地位的理论分析。乡村治理机制之所以以农村基层党组织为领导核心，是由党的性质、宗旨以及党的执政地位决定的。中国共产党领导地位的确立不是自封的，而是在长期的革命斗争实践中逐步确立起来的，具有历史的必然性，更是广大人民群众经过鉴别之后作出的正确选择。

首先，走历史必由之路，中国共产党成为中国特色社会主义的领导核心，由此必然成为中国乡村治理机制运行中的领导核心。近代以来，中国逐步沦为半殖民地半封建社会，这一基本国情决定求得民族独立、人民解放和国家富强、人民幸福就是当时最重要的历史任务。在新民主主义革命时期，无产阶级、农民阶级、民族资产阶级和城市小资产阶级是中国革命的基本动力，其中，中国的无产阶级由于其受到压迫最重、分布比较集中，加之同农民具有天然的密切联系，革命坚决彻底，组织纪律性强，因此，成为当时中国唯一能领导反帝反封建斗争取得胜利的阶级，其先锋队组织——中国共产党也理所当然地担负起领导中国革命的重任。中国共产党是先进的马克思主义政党，不但是工人阶级的先锋队，更是中国人民和中华民族的先锋队。党在成立之初便提出了反帝反封建的民主革命纲领和实现社会主义、共产主义的最高纲领，从而使无产阶级得以迅速组织起来，成为中国革命最强大的领导力量。历史也进一步证明，中国共产党是中国革命名副其实的领导者。

在整个新民主主义革命时期，党的领导是确保中国革命取得胜利的关键因素。毛泽东认为，在无产阶级作为领导阶级走上政治舞台的时代，任何战争如果没有工人阶级及其先锋队组织共产党的领导，必定是要失败的。在长期的革命岁月中，中国共产党带领中国人民进行了艰苦卓绝的革命战争，最终取得了胜利，建立了社会主义新中国。新中国成立以后，中国共产党又领导中国人民完成了社会主义的三大改造，创造性地实现新民主主义向社会主义的过渡。虽然经历了"文化大革命"的十年浩劫，但是，中国共产党及时纠正错误并转变思想观念，作出改革开放的重大决定，实现中国经济社会的快速发展。历史充分证明，只有坚持中国共产党的领导，才能取得革命、建设和改革的最终胜利。

其次，农村基层党组织在党领导中国革命和建设过程中发挥重要作用。在历史上，中国农民占中国人口的绝大多数，是中国革命的主力军，能否充分调动农民参加革命成为影响中国革命前途的重要因素。在长期的革命过程中，农村基层党组织通过解决农民的经济利益、扩大农民的政治权利最大限度地调动农民参与革命的积极性，并利用非权力影响广大农民群众，满足农民群众的多方面需求，获得农民的支持和拥护，最终提高了党在农村的影响力和战斗力。中国共产党成为执政党后，其农村基层组织更成为党密切联系群众的纽带，团结广大人民群众共同完成党在各个时期制定的战略任务，并及时向上级党组织反映基层群众的各种要求，从而使党获得更多的群众支持。可以说，中国共产党对农村工作的核心领导是通过其在农村的基层组织实现的。

第二，农村基层党组织成为乡村治理机制运行中的领导核心的法律依据。农村基层党组织在乡村治理机制中居于领导核心地位，是由相关法律法规明确规定的。例如，《中国共产党农村基层组织工作条例》规定，党在农村的基层组织包括乡镇党委和村党支部，是乡、村各种组织和工作的领导核心。2010年修订的《村民委员会组织法》第四条对农村基层党组织在村民自治中的领导核心作用作出明确阐释，即依照党章关于基层党组织的任务和活动准则的明确规定，农村基层党组织要开展具体活动，支持和保障村民实行自治，行使民主权利。乡镇党委和村党支部在农村处于领导地位，发挥核心作用，通过对村民委员会进行政治、思想、组织领导来实现其对乡村各项事务的核心领导。

第三，农村基层党组织领导核心作用的发挥是农村发展的现实要求。农村基层党组织领导核心地位的确立不但是中国人民历史的选择，更是新时期农村各项工作顺利开展的现实需要。改革开放40多年来，农村发展的现实状况迫切要求农村基层党组织作为"主心骨"发挥领导核心作用。

首先,农村基层党组织领导核心作用的发挥是深化农村政治体制改革、顺利推进农村基层民主政治建设的基本要求。政治体制改革是邓小平率先提出的,他在谈到这个问题时强调,必须进行政治体制改革,否则就不能保障经济体制改革的重大成果,甚至有可能阻碍经济体制改革的顺利推进。在邓小平看来,政治体制改革的关键就是党如何领导的问题。在中国的政治语境下,政治体制改革的基本要求就是坚持党的领导,发挥党在政治体制改革中的核心领导作用。中共十七大以来,中共中央多次强调深化政治体制改革要"坚持党的领导核心作用",确保"党领导人民有效治理国家"。中国农业、农村、农民问题是现代化事业能否正常顺利推进的重要影响因素,中国共产党历来将"三农"问题的解决置于党各项工作的重中之重。因此,推进农村基层民主政治建设就成为新时期党在农村工作的重要任务之一,这一任务的顺利推进必须有赖于农村基层党组织领导核心地位的确立及其相应功能的发挥。

其次,农村基层党组织领导核心作用的发挥是巩固党在农村执政基础的重要保证。农村基层党组织处于党的组织机构的最底层,是党的组织体系的基本细胞,肩负着贯彻落实党中央各项方针政策的重任,这一性质决定农村基层党组织成为巩固党在农村执政基础的重要保证。一是农村基层党组织是党员参加组织活动的基本单位,并通过自身的不断努力使得广大农村党员团结在党组织体系内,使得拥有庞大党员数量的中国共产党成为中国革命和建设的绝对领导力量。没有农村基层党组织领导核心作用的发挥,党在农村的执政基础必定不牢,党在农村的创造力和战斗力也必定大打折扣。二是党在农村执政的基础在于广大农民的支持和拥护,农村基层党组织作为党密切联系群众的媒介,在上情下达、反映民情、体察民意、维护农民利益方面扮演着重要的角色。从这个角度来说,农村基层党组织领导核心作用的发挥也是提升党在农村执政能力的关键。

再次,党做好农村各项工作的现实需要决定了农村基层党组织必须居于领导地位,发挥核心作用。乡村社会是一个小型的社会系统,在其发展的过程中会出现多种需要协调的利益关系,也会出现多个需要及时予以解决的矛盾和问题。这就要求农村基层党组织充分发挥核心领导作用，在处理乡村各项事务的过程中，统一领导好各类组织，协调处理好各种关系、各种矛盾，实现农村的政治稳定和社会健康发展。

二、农村基层党组织领导核心地位的具体体现

截至 2022 年 12 月 31 日，中国共产党党员人数达 9804.1 万名，比 2021 年底净增 132.9 万名，增幅为 1.4%。中国共产党基层组织达 506.5 万个，比 2021 年底净增 12.9 万个，增幅为 2.6%。其中基层党委 28.9 万个，总支部 32 万个，支部 445.6 万个。[①] 以上数据说明，基层党组织的覆盖率明显提高。而农村基层党组织是党在农村的执政基础，发挥着领导核心作用。

第一，农村基层党组织是确保党的路线方针政策在农村得到贯彻落实的领导核心。农村基层党组织是整个党组织机构的基础，担负着将党中央的路线方针政策贯彻落实的重任。2003 年修订的《中国共产党农村基层组织工作条例》规定，乡镇党委和村党支部的主要职责都是贯彻执行"党的路线方针政策"以及"上级党组织"和"本镇（村）党员大会或党员代表大会"的决议。党作为执政党要实现对国家和社会的领导，不但要制定正确的路线方针政策，更要通过基层党组织开展的各项活动将这些路线方针政策在实践中贯彻落实下去，最终转化为广大人民群众的实际行动，从而推动整个社会发展。如果缺少了基层党组织的贯彻落实环节，再好的路线方针政策都只能是一纸空文。因此可以说，农村基层党组织在贯彻落实党中央方针政策上扮演着重要的上传下达的媒介角色。

首先，党的方针政策需要通过农村基层党组织的宣传解释来被群众接纳和认可，从而得以贯彻落实。政策是指政党、国家或政治集团为了达成一定的目标任务而特别制定的活动计划及行为准则。政党的活动及其社会影响主要依靠具体的政策执行将政党的意志渗透到社会中，从而将社会吸纳至政党可以支配的范围内。中国共产党在成为执政党以后很长时期

---

① 《中国共产党党内统计公报》，中华人民共和国中央人民政府网，2023 年 6 月 30 日。

内，主要也是靠其制定的方针政策来实现治理国家、改造社会的目的。在广大乡村社会，党也是依靠其制定的各项政策将亿万孤立分散的农民团结到党和国家体系中来。进入 21 世纪以来，为了着重解决制约乡村社会发展的各种"三农"问题，党和国家出台了多项涉农政策，其中不乏带有扶持和倾斜性质的惠农政策，比如取消农业税，实行直接补贴、各种"彩电下乡"、新型农村合作医疗等，这些政策"下乡"的目的是鼓励发展农业生产，大力推动乡村经济社会建设，使农民收入增加、生活质量提高。这些政策是好的，必须通过农村基层党组织的宣传解释帮助农民理解政策、接纳政策，并在其领导下进一步转化成农民的实际行动直至产生相应的经济社会效益。从这个角度来说，农村基层党组织起着重要的上情下达作用。

其次，农村基层党组织在贯彻落实党的路线方针政策中还起着下情上达的重要作用。农村基层党组织是最贴近基层群众的国家力量，充当党密切联系群众的重要媒介，通过同广大农民的直接接触，农村基层党组织可以体察民情并向上反映民意，从而维护农民利益，在贯彻落实党中央的方针政策中起着下情上达的重要作用。一方面，因为中国乡村社会的非均衡性会产生这样或那样的问题，而这些问题只有同农民接触最为密切的农村基层党组织才最清楚，通过农村基层党组织的向上传达，可以在落实政策的过程中适时调整具体的政策细节，从而弥补政策落实过程中的某些纰漏。另一方面，农村基层党组织通过深入农民生活，摸清农民的各方面需求，并将这些信息及时反馈给上级党组织，为党制定新的惠农政策提供可靠的第一手材料。

第二，农村基层党组织是各乡村治理主体的领导核心。乡村治理系统是一个复杂的工作系统，各类主体都需要参与其中，从而成为实际上的治理主体，既包括农村基层党组织，也包括基层政权组织、村级自治组织，当然还必须包括乡村各类社会组织等。其中农村基层党组织是领导核心，不仅表现在这些治理主体都必须在基层党组织的领导下，按照国家法律和各自章程开展工作，还表现在农村基层党组织要发挥核心领导作用，协调各方力量，将不同治理主体整合到乡村治理系统中，以便实现既定的治理目标。

首先，各乡村治理主体都要置于农村基层党组织领导下。按照相关法律规定，乡镇党委与村党支部是领导与被领导的关系，这是在党组织内部体现的党的领导；乡镇政府处于乡镇党委的直接领导之下，同时，乡镇党委对包括村民委员会在内的村级组织同样负有领导责任；村党支部对本村村委会进行政治、思想和组织领导。此外，随着乡村社会的发展，大量经济组织、社会组织不断涌现并在乡村社会治理中占有一席之地，这类组织的运作也需要置于党的领导之下。按照党章规定，凡是有三人以上正式党员的基层单位都可以成立党的基层组织，因此，可以通过在乡村各类社会组织内部成立党的基层组织来发挥农村基层党组织的领导作用。胡锦涛在中共十八大报告中也特别强调要"全面推进各领域基层党建工作，扩大党组织和党的工作覆盖面"[①]。通过对乡村各类组织的直接领导，农村基层党组织的领导核心作用得以充分发挥。

其次，农村基层党组织通过协调各治理主体的工作来发挥领导核心作用。乡村治理的内容包罗万象，既要搞好经济建设，又要推动民主政治建设，既要整合不同利益，又要协调不同社会关系，创造良好的社会秩序，维护乡村社会稳定发展。不同的治理主体必然会首先考虑自身的利益诉求并据此做出相应的行为，因此，农村基层党组织必须发挥整合作用，协调好各方利益及工作，以确保乡村治理机制能够良性运行。

第三，农村基层党组织是农村各项工作的领导核心。我国的政党制度是中国共产党领导的多党合作和政治协商制度，这决定了中国共产党必然要对国家的各项事务发挥领导核心作用，要按照总领全局、协调各方利益的原则治理国家。1998年中共中央办公厅、国务院办公厅下发的《关于在农村普遍实行村务公开和民主管理制度的通知》（中办发〔1998〕9号）规定了对涉及村务管理的重大事项以及农村发展中的热点、难点问题的具体处理办法，那就是都必须先经过党员大会讨论后再提交村民会议或村民代表会议讨论。《村民委员会组织法》也明确规定，农村基层党组织发挥

---

① 《十八大以来重要文献选编》（上），中央文献出版社2014年版，第42页。

领导核心作用，领导村委会行使职权，保障村民开展自治活动、直接行使民主权利。也就是说，在村民自治运行的重大问题、重大环节上，农村基层党组织要实现全面领导，不但要把握大局，广泛动员，确保民主选举依法实行，还要引导村民参政议政、民主决策，更要抓好民主管理和民主监督，特别是要抓好村务管理的制度化和党内监督工作，确保村民自治拥有赖以运行的良好政治环境。

此外，农村基层党组织还要带领群众建设美好生活。中国是一个农业大国，"三农"问题解决的好坏直接影响着农村社会能否稳定发展，更关系着乡村振兴战略目标能否顺利实现。农村的经济发展、民主政治建设、社会稳定以及农民富裕等都离不开农村基层党组织的领导。从一定意义上说，农村基层党组织在乡村社会起着"主心骨"的作用，不仅肩负着组织动员群众、教育引导群众的重任，更肩负着维护群众利益、改善群众生活的重任。各种乡村利益关系的协调以及乡村发展问题的解决，都需要农村基层党组织发挥领导核心作用。

第二节 乡镇政府治理的运行机理

乡镇政府治理是指乡镇政府在乡村社会履行职责的过程，同时，也是乡镇政府在解决乡村社会公共问题的过程中与其他相关主体进行互动的过程。乡镇政府是重要的乡村治理主体，在乡村治理实践中发挥主导作用，在这里，乡镇政府治理包含两层含义：一是为了更好地解决乡村社会公共问题，基层政府必须履行相关职责，主要承担为乡村社会提供公共服务和公共产品的职能；二是乡镇政府在履行职能的过程中，必然要同各类主体发生相互作用，必然要以乡镇政府为主导形成一定的关系结构和权力结构。

一、乡镇政府的内部设置及职能

现代国家就其外在形式而言，表现为一整套组织机构或体制，政府是其中最重要的主体，代表国家权威和力量对社会进行治理，设立于乡镇的基层政权是我国政权体系中处于最低序列也是最基础的部分，因其向上能代表国家，向下能直接接触群众，所以充当着国家和社会的连接纽带。民政部发布的 2023 年 4 季度民政统计数据显示，全国乡镇级行政区划中，镇为 21421 个，乡为 8190 个，街道为 9045 个。① 从某种意义上来说，国家对于乡村社会治理绩效的好坏，直接取决于乡镇政府的作为。

第一，乡镇政府机构与职能。乡镇政府是整个政府组织机构的末梢，同时又代表国家权威直接嵌入基层社会，因而，乡镇政府的治理绩效直接影响着整个国家治理体系和治理能力现代化的进程。就我国乡村社会结构而言，乡镇政府一方面要扮演"承重墙"的角色，支撑起强大的国家权力体系，完成自上而下的意志传达，另一方面也要连接广大乡村社会，充当缓解乡村社会矛盾的"护堤石"②。

一般来说，乡镇政府由内设机构和部门机构共同组成，中共十七大以后，党中央全面推开乡镇机构改革，目标任务是构建"行为规范、运转协调、公正透明、廉洁高效"的乡镇政府。经过乡镇机构改革后，乡镇政府的内设机构一般只有 2—3 个综合性办公室，其下属部门就是所谓的"七站八所"，它们归乡镇政府直接领导或接受县政府和乡镇政府的双重领导。根据地方组织法，乡、民族乡的人民政府设乡长、副乡长，镇人民政府设镇长、副镇长，乡长、镇长由本级人民代表大会选举产生。现实生活中，不少乡镇长的遴选是"政党提名"，即由县（市）党委常委会议决定并经县（市）委组织部行文交乡镇党委，建议人大主席团通过。③ 由此可见，当前许多乡镇的领导集团仍然延续了人民公社时期的状态，也就是乡镇党委和乡镇政府掌握着乡镇的基本权力，而作为国家在地方的权力机关——乡镇人民代表大会则被虚置。

第二，乡镇政府的职能。《中华人民共和国地方各级人民代表大会和地方各级人民政府组织法》（以下简称《地方组织法》）对乡镇政府的具体职权作出了详细规定，即执行本级人民代表大会和上级国家行政机关决

---

① 《2023 年 4 季度全国民政统计数据》，中华人民共和国民政部网，2024 年 3 月 15 日。
② 白呈明：《转型期乡镇调处矛盾纠纷的制约与突破》，《学习与探索》2010 年第 3 期。
③ 吴理财：《改革与重建——中国乡镇制度研究》，高等教育出版社 2010 年版，第 24 页。

定、命令等，共七项基本职权。《村民委员会组织法》也对乡、民族乡、镇人民政府在村民自治中的职能作出明确规定，即对村委会的工作给予指导、支持和帮助。2009年，中共中央办公厅、国务院办公厅印发了《中央机构编制委员会办公室关于深化乡镇机构改革的指导意见》（以下简称《意见》），《意见》明确规定，乡镇政府具有四项基本职能，即促进经济发展、增加农民收入，强化公共服务、着力改善民生，加强社会管理、维护农村稳定，推进基层民主、促进农村和谐。

乡镇机构改革后，乡镇政府的职能发生相应转变，强化了公共管理和公共服务的职能，从过去"包揽一切"转变为提供乡村社会发展需要的核心政务和事务。总的来说，乡镇政府的主要职能包括为乡村社会提供公共服务以及社会冲突管理，其中乡村公共服务职能指的是，基层政府为了满足农业生产和农民生活的需要，以物质的或者非物质的形态向乡村社会提供公共产品的职能。乡村公共产品是以满足乡村公共需要为主要目的，具有消费上的非竞争性以及受益上的非排他性特征。乡村公共产品一方面来自中央政府，比如农业政策、农村教育等；另一方面来自地方政府或者基层政府所提供的地方性公共产品，其收益范围具有鲜明的地域性特征，比如乡村社会的架桥修路等基础设施建设。无论哪一类公共产品或公共服务，其落实都需要一个载体，乡镇政府就是其中不可或缺的载体，公众对乡镇政府治理绩效评价的标准之一就是公共服务的提供情况。乡村社会冲突管理职能指的是乡镇政府依据一定的规则调整乡村社会内部利益关系，从而化解由此产生的矛盾和冲突，推进乡村社会稳定发展的职能。稳定的乡村社会秩序应是乡镇政府提供的首要公共产品，如果没有稳定的社会秩序，人民的权利和自由就没有办法得到保障。因此，对乡村社会冲突的处理情况理应成为考察乡镇政府治理绩效的重要标准。

二、乡镇政府权力结构分析

亚里士多德曾对权力分配作出过深刻论述，他认为，权力可以为统治者利益服务，也可以为公共利益服务，并依据谁拥有权力以及谁从权力中获得益处来对政治体制作了分类。20世纪末，在西方发达国家的公共部门改革运动中,"政府治理"概念被提出,主要指"政府权力运作的制度、方式和过程,并区别于作为'运作结果'的具体公共政策和财政支出等政府行为"①。乡镇政府治理是乡镇政府作为主要主体提供公共服务和公共产品的过程,其实也是政府公共权力的运作与配置的过程。

第一,乡镇政府权力的多重来源。从根本上说,政府权力是一种公共权力,在本源上来自人民的授予。从乡镇政府的实际运行来看,其权力来源又是多重的。

首先,乡镇政府权力的首要来源就是国家的法律法规。随着我国经济体制改革和政治体制改革的深入推进,各级人民政府的法人地位得以确立。所谓政府法人地位的确立指的是"以法律的形式,明确规定各级政府的职责权限以及对其行为(作为或不作为)所应承担的法律责任,使政府成为控诉的主体和被控诉的对象"②。政府法人地位的确立意味着乡镇政府同公民在法律上处于平等的地位,各自在权限范围内活动并对自己的活动负责,这就要求乡镇政府在其运行过程中,以保障人民基本权利为目标,以法律为准绳,在国家宪法和法律允许的范围内活动。

其次,党的领导核心地位决定了乡镇党委也是乡镇政府重要的权力来源。在我国,执政党的特殊地位决定了中国共产党必定要对国家和社会事务实行全面领导,因此,在国家政权机关的运作过程中,党的组织及机构同政府及其职能部门组成的权力系统同时存在,称为权力双轨运行体制。乡镇也不例外。乡镇政府只是法律和名义上的领导机构,乡镇一切事务的决策权和部分行政执行权由乡镇党委包揽,从某种程度上来说,乡镇政府成为乡镇党委附属的工作机构。

最后,乡镇政府的权力还来源于本级人民代表大会和上级人民政府。按照《宪法》的有关规定,地方政府既是本级人民代表大会的执行机关,对其负责并报告工作,同时又从属于上级人民政府,接受上级政府的领导并对

---

① 张弘、王有强:《政府治理能力与经济增长间关系的阶段性演变——基于不同收入阶段的跨国实证比较》,《经济社会体制比较》2013 年第 3 期。
② 于建嵘:《岳村政治:转型期中国乡村政治结构的变迁》,商务印书馆 2001 年版,第 340 页。

其负责。这就意味着乡镇政府权力的来源又包括了乡镇人民代表大会和上级人民政府。乡镇政府是乡镇人民代表大会的执行机关，对乡镇人大负责并报告工作，乡镇人大是乡镇政府权力来源之一。此外，乡镇政府作为国家最基层的政权机关，除了接受国务院的统一领导，还必须接受上级人民政府的领导，对其负责并报告工作，这就决定了上级人民政府也是乡镇政府权力的来源之一。乡镇政府要努力完成上级人民政府交办的各项行政事务，甚至在许多地方，乡镇政府在实际运行过程中变成了县政府的派出机构，原因在于两方面：一是乡镇政府的人事权和财政权受到上级政府的绝对控制；二是县政府的一些职能机构直接延伸至乡镇，使得乡镇政府的管理职能受到肢解。

第二，乡镇政府权力的运行。进入21世纪以来，特别是税费改革之后，乡村基层政府的权力运行成为社会各界关注的热点问题，众多学者对此作了深入的研究，着重关注基层政府权力运行的合法性问题。

首先，是法定的乡镇政府权力内容。我国宪法和法律对政府的"应当作为"和"不应当作为"作出过明确规定，基层政府的权力运行也必须借助法律得以实现，这是基层政府应当背负的法律责任。综观中国特色社会主义法律体系，对乡镇政府权力运行作出过明确规制的法律、法规就有十余个，另外还包括若干配套的实施细则。其中，宪法对乡镇政府的职权只作概括性规定，只有《地方组织法》针对基层政府的职权作出了较为详细的论述。总的来说，法定的乡镇政府权力包括：一是行政执行权，这是由《宪法》第107条以及《地方组织法》第61条明确规定的。乡镇政府作为我国政府体系的最末端，作为地方国家权力机关的执行机关，必须执行乡镇人大和上级政府作出的决议和命令，行政执行权是乡镇政府最基本的权力。二是对本行政区域内公共事务的行政管理权。《地方组织法》第61条规定了基层政府对本行政区划内各项事务的管理权，具体包括土地使用、流转监管权，教育行政管理权，草原、林业行政管理权，婚姻登记及计划生育管理权，村镇规划建设管理权，本行政区域内河交通管理权六种。①三

---

① 和洪：《我国基层政府权力运行应然状态之法律厘定》，《公民与法（法学版）》2011年第12期。

是对公民合法权益的保护权。四是对村民委员会工作的指导权。

其次，乡镇政府权力运行的程序。任何政府要保证权力运行有序，都必须有自己一整套的行政程序，即按照一系列的法定程序来进行公共事务的管理。中共十七大提出要建设"权责一致、分工合理、决策科学、执行顺畅、监督有力"的行政管理体制。中共十八大又进一步强调要"健全权力运行制约和监督体系"，一是要健全决策机制，坚持科学、民主、依法决策；二是要推进权力运行公开化和规范化；三是要加强监督体系建设，确保人民监督权力。因此，乡镇政府权力运行过程中的决策、执行和监督是我们在探讨乡镇政府权力运行的时候无法绕过的重点所在。

决策是乡镇政府一项非常重要的行政活动，从行政过程的角度来看，行政决策指"具有法定行政权的国家行政机关或有合法权限的政府官员为了实现行政目标，依据既定的政策和法律，对面临要解决的问题，拟定并选择活动方案，作出决策的行为"[①]。乡镇政府决策机制指乡镇政府决策系统的具体结构和运行原理，主要包括决策主体及其权力，决策的制定、实施和监控。从决策主体上看，乡镇一级有乡镇党委、乡镇人大、乡镇政府等几套班子，此外还有"七站八所"等相关主体，表面上看，不同职能部门负责不同的决策。然而，实际情况却是，乡镇发展的大小事务都必须在乡镇党委会议上或者党政联席会议上讨论决定，即便是需要提交乡镇人民代表大会审议决定的事项，也必须经过上述两类会议讨论通过后再提交乡镇人民代表大会，因而可以说，乡镇一级决策权掌握在乡镇党委手中，这就决定实际上最高的决策权都直接归于乡镇党委书记。

决策执行是将决策转化成实际行动的过程和活动的总称。政策执行是政府行政过程的重要环节，也是实现决策目标的唯一重要途径。《地方组织法》明确规定，乡镇政府必须执行上级国家行政机关的决定和命令，办理上级政府交办的其他事项，基层政府的政策执行情况直接决定中央和地方政府的政策能否得到贯彻落实。当前，乡镇政府在执行过程中经常出现

---

① 戴建华：《作为过程的行政决策——在一种新研究范式下的考察》，《政法论坛》2012年第1期。

对抗、歪曲、选择、越位等问题，严重削弱了政府的执行力。从政府和市场的角色定位来看，"权力资本化"和"资本权力化"严重影响了乡镇政府政策执行的有效性；从执行过程的上下级政府间关系而言，乡镇政府在执行法律法规和国家政策时会出现阳奉阴违甚至背道而驰的现象。在我国，形成一整套成熟的政府执行制度体系，是一项长期而艰巨的任务。

执行监督是指实施监督的主体按照一定的原则和标准对政策执行主体在执行政策过程中的行为进行监督，并对最终执行结果进行评估的过程，它是确保政策目标圆满实现的必要措施。针对乡镇政府权力运行的监督是保证乡镇政府有效履行行政职能的必经途径，也是确保乡镇政府权力有效行使的重要手段。中共十八届四中全会提出，要强化对行政权力的制约和监督，完善纠错问责机制。在当前政治体制中，对乡镇政府权力运行进行监督的主体包括乡镇人民代表大会、乡镇司法机关、乡镇纪律检察机关、政协等，此外，还有来自公民和人民团体的监督。新闻媒体和舆论监督也是常见的监督形式。

第三，对乡镇政府权力限制的问责体系。有政府权力就需要有对政府权力进行限制的问责体系。2009年中共中央办公厅、国务院办公厅印发的《关于实行党政领导干部问责的暂行规定》明确提出了对党政领导干部实行问责的情形、方式、程序及适用，使问责制度成为推进行政体制改革的强有力保障。中共十七大报告提出，要建设服务型政府、法治政府和责任政府，加强对权力的控制。限制政府责任，必须重视行政问责制度的建设，行政问责制是强化和明确政府责任、改善政府管理的一种非常有效的制度。

在我国，地方政府的问责更多的是由一整套考核体系组成的，从省到县再到乡镇，越靠近基层其考核的指标越细化，乡镇政府的工作几乎全部被量化为分数，并依据分数进行排序，甚至可以说，乡镇政府的职能部门和工作人员生活在"分数化的考核网络之中"[1]。一般来说，对乡镇领导人的考核指标主要有三类内容，即经济发展的指标、精神文明建设的指标以

---

[1] 赵树凯：《乡镇治理与政府制度化》，商务印书馆2010年版，第148页。

及党的建设指标,每一类指标又分为若干项目。在所有的指标中,乡镇的问责更加关注两个基本点:一个是稳定,即有没有群体性事件发生或未经许可的上访;另一个是发展,主要考核农民收入的增长速度和政府财政收入的增长速度。上级政府对乡镇的考核实行一票否决,也就是说,在所有考核指标中如果有一项没有达标,就会直接影响整体工作的考核。

三、乡镇政府治理中的关系结构

在乡镇政府治理运行的过程中,越来越多的主体将参与其中,因而,乡镇政府不得不与众多的主体形成各种各样的角色关系。从最一般意义上说,行为主体间的关系分为水平和垂直两个维度:水平维度体现为乡镇政府与市场、企业、社会行为主体间关系,强调了一种"新型的网络和合作伙伴关系"[①],乡镇政府同其他行为主体不是单向度的命令和控制,而是双向的良性互动;垂直维度体现的是乡镇政府与中央和地方政府的关系。

第一,乡镇政府对村庄的管控。20世纪80年代初,国家恢复建立乡镇政府并将基层政权止于乡镇,其下设立村民委员会,实行民主选举、民主决策、民主管理和民主监督,中国乡村社会形成了国家行政管理和村民自治双向运行的"乡政村治"治理模式。在当前的乡村制度设计中,村庄是自治的实体,村民通过村民自治组织行使自治权。按照《村民委员会组织法》的相关规定,乡镇政府不得干预依法属于村民自治范围内的事项。但是,在乡镇政府治理的实践过程中,其对村庄的控制运作仍在继续。

首先是关于村财乡管。20世纪90年代以后,乡镇政府对村级财政的控制程度不断提高,实行"村财乡管",村级会计被取消,账目和现金被代管,村级财务被乡镇政府全面掌控。2006年全面取消农业税后,村级组织从村民那里直接收缴的税费收入大大减少甚至完全没有,村级财务基本消亡,甚至在很多乡村地区,村干部的工资都没有着落,只能依靠转移支付。乡镇政府通过对村级财政的管控直接加强了对村级组织的控制。

其次是对村干部的管理。乡镇政府对村干部的管理基本上采取了政府

---

① 李慧凤:《制度结构、行为主体与基层政府治理》,《南京社会科学》2014年第2期。

内部工作人员的管理办法,即对村干部全面实行目标责任制考核,依据考核办法严密程度的不同,分为计分式考核和非计分式考核,前一种考核办法根据上级机关对乡镇政府的考核目标将指标分解,形成对村级干部的考核目标任务,并对村级干部的工作量化计分,再根据村干部的实际得分来确定其工作业绩和奖金档次。后一种考核方法强调依据村干部对重点项目的完成情况给予相应的奖惩。乡镇政府对村干部的管理,主要是通过物质和非组织激励的方式进行的。

最后是通过包村或管片对村庄实行管控。干部包村是乡镇党委政府派出相关职能部门的成员进驻到所辖村庄,并对村庄各项工作进行具体指导的制度,几乎所有的乡镇都实行了干部包村制度。包村干部一般需要督促或协助村级组织完成各项村庄事务尤其是乡镇政府部署的任务,特别是当村庄发生重大事件时,包村干部需要投入全力解决,因而成为介于乡镇政府和村级组织之间的一种固定的联系渠道。相对来说,管片制度更加正式化,较之包村制度没那么普遍,它指有些乡镇在党委和村支部之间直接成立党总支,另设行政方面的片长,其设立的主要目的是督促村庄完成工作任务,起衔接作用,但不排除个别乡镇的管片片长掌握实际的村务管理权。

第二,乡镇政府需接受来自上级政府的行政领导。乡镇政府是整个国家政权体系的最底层,代表国家力量直接嵌入乡村社会。乡镇政府的治理机制和绩效直接影响整个国家治理体系和治理能力的现代化。一般来说,影响乡镇政府治理行为的最重要因素之一就是纵向的行政体制性因素,具体体现为中央集权以及上下级关系的行政隶属性。

首先,来自县乡财政体制方面的压力。观察一个政府的运行,首先要看其财政运行情况。进入世纪之交,我国许多乡镇政府的财政陷入困局,尤其是税费改革之后,各乡镇更是背负了沉重的债务包袱,其原因只能从当前"支配性政府间体制"[①]中去寻找,也就是说处于这种体制中的上级单方面确定下级的安排,因而层级越低的政府,其谈判的地位越低。目前,

---

① 吴理财:《改革与重建——中国乡镇制度研究》,高等教育出版社2010年版,第44页。

乡镇政府的财政体制也是由县政府决定的，是一种符合县级政府利益需求的财政体制，具体内容包括：乡镇政府收入和支出的基数、范围由县级政府确定；县级政府每年依据乡镇政府上年度财政的收支情况向乡镇政府下达财政收入任务，并进行严格的目标考核，以确保县级财政收入增加。县级政府通过"乡财县管"及财政收入的目标考核来实现对乡镇政府的管理。

其次，自上而下实行的目标考核。上级政府对乡镇政府的管理主要是通过各种目标考核来实现的，除了财政考核，其他诸如计划生育、社会治安等也是主要的考核内容。为此，县级政府制定了一整套完备的考核指标体系和考核方法，并依据各指标实际综合得分给各乡镇排名。随着目标管理和考核机制的推行，乡镇的责任被无限放大，所谓"上面千条线，下面一根针"，整个政权体系的效能问题最终都归结到乡镇政府。

第三，乡镇政府同其他社会主体的互动关系。在乡村社会公共服务和公共产品提供上，乡镇政府是最主要的主体。然而，随着农民群众需求的日益多元化和分散化，加之要承受来自上级政府的考核压力，乡镇政府越来越难以提供均等化、个性化的服务和产品，其治理绩效大打折扣，全能政府受到严重挑战。这就要求乡镇政府转变传统的单向度的行政命令和控制，积极调动社会力量参与到公共服务和公共产品的提供过程中。个体、社会组织都是独立的社会行为主体，同乡镇政府之间是法律上的平等关系，乡镇政府与这些社会行为主体之间存在着巨大的合作空间。

首先，农民可以影响基层政府公共服务和公共产品的供给。农民是乡村社会公共服务和公共产品的直接接受者，乡镇政府需要提供什么样的公共服务和公共产品，以什么样的方式来提供，从根本上说都是由农民的需求来决定的，农民作为最直接相关的主体，完全可以通过相应的利益表达参与到乡镇政府公共服务和公共产品的提供过程中，进而影响到公共服务和公共产品提供的方式和质量。

其次，乡镇政府可以通过与企业、市场的合作达到公共利益的最大化。亚当·斯密在《国富论》中提出"看不见的手"理论，即市场使社会资源配置达到最佳状态，此后，市场被作为一种重要的配置资源的主体力量在社会治理中受到特别重视。政府可以通过向企业、市场购买部分公共服务，提升自身提供公共服务的水平，从而实现乡村公共利益的最大化。

再次，社会中介组织充当了乡镇政府和村民沟通的重要平台。社会中介组织指介于政府公共部门和企业之间的法人组织，包括一些行业自主性中介组织、社会运行监督性中介组织等。善治理论的提出表明，政府在整个社会治理中扮演着非常重要的角色，但不再是唯一的主体力量，其他的非政府组织、社区组织、民间自组织等将与政府一起共同担负起提供公共服务和公共产品的任务。同掌握国家机器的乡镇政府相比较来说，普通村民是弱势群体，因而，必须组织起来才能发挥相应的作用，以民间性、组织性、非营利性以及自治性、志愿性为特征的民间组织，可以充当乡镇政府与村民沟通、合作的重要平台，发挥重要的媒介作用。

第三节　村民自治的运行机制

20 世纪 80 年代，为了解决乡村治理真空的难题，第一个村民自治组织——村民委员会出现，并由此拉开了中国实至名归的村民自治的大幕。村民自治制度是在国家力量的推动下形成的一项基层民主制度，其主要内容是实行民主选举、民主决策、民主管理和民主监督。自 1980 年 2 月中国第一个村民委员会在广西壮族自治区宜山县屏南公社合寨大队果作屯建立以来，村民自治已经走过 40 多年的发展历程。截至 2022 年底，全国基层群众性自治组织共计 60.7 万个，其中：村委会 48.9 万个，村民小组 392.9 万个，村委会成员 215.4 万人。全年共有 4.8 万个村（居）委会完成选举。[①]村民自治的普遍推行进一步促进我国农村基层民主政治发展。

一、村民自治的组织载体

村民自治是基层群众的自治形式，其核心价值就是直接民主，即村民直接决定和管理本村公共事务，行使当家作主的民主权利。但是，直接民

---

① 《2022 年民政事业发展统计公报》，中华人民共和国民政部网，2023 年 10 月 13 日。

主并不代表村庄的每一个人都是具体事务的管理者，也并不是说每一个村民都直接参与管理村庄一切事务。村民需要借助一定的组织并以此为载体来管理村内公共事务、行使当家作主的权利，村自治组织就是村民自治制度实行的重要载体。

第一，村民委员会是村民自治的工作机构，也是村民会议所作决定的执行机构。1982年《宪法》规定，村民委员会是群众性自治组织，由此确立了村民委员会的法律地位。1983年，中共中央、国务院发出了要求在农村建立由村民选举产生村委会的通知，并在《关于实行政社分开、建立乡政府的通知》中对村委会的设立、职能以及产生方式进行了初步规定。此后，全国范围内普遍撤销生产大队，代之以村民委员会，村民委员会是村民自治运行的重要载体。《宪法》第111条对村民委员会的法律地位及其产生作出明确规定，除此之外，《中华人民共和国村民委员会组织法》（简称《村民委员会组织法》）也对村委会的性质和任务作出明确规定。按照这些规定，村民委员会是群众性自治组织，由村民直接选举产生，其下可以根据需要处理的具体事务设立不同的委员会，主要负责处理本村的公共事务和公益事业。村民委员会是村庄各项事务的主要执行者，按照法律规定行使管理村务的职权，对村民会议负责并受其监督。村民委员会在村自治组织体系中扮演着非常重要的角色，是常设的村民自治工作机构，更是联系国家与农民的纽带，其职能一般包括经济职能和社会职能。村民委员会要依法履行职责，完成法律规定的各项工作。

第二，村民会议或村民代表会议是村民自治的决策机构。《村民委员会组织法》对村民会议的法律地位以及村民会议和村民代表会议的组成、召开、职能予以明确规定。按照规定，村民会议由本村全体满18周岁的村民组成，由村民委员会负责召集。一般来说，村民会议有两种形式，一种是由超过半数的本村18周岁以上村民参加的会议；另一种是在特殊情况下召开的不完全的村民会议，即由本村有权参加村民会议的家庭户在其家庭成员范围内推选一名最能代表其家庭意志、具有政治参与能力的成员担任户代表参加的会议，称为村民代表会议，这种形式的村民会议需要村中2/3以上的户代表参加。村民会议对村庄内部包括误工补贴、公益事业兴办、土地承包经营、征地补偿使用等涉及村民利益的重大事项进行讨论决定，是村民行使直接民主决策权的重要组织载体。

按照《村民委员会组织法》相关规定，当村庄人数较多或者村民居住比较分散的时候，可设立村民代表会议，村民代表会议一般由村民委员会委员和村民代表组成，讨论决定村民会议授权的事项。由于村民代表会议参加人员较少，决策时意见相对比较集中，决策效率大为提高，因而成为现阶段村民民主决策的重要形式。但是，村民代表会议只能行使村民会议授予的有限权力，在一定程度上影响其决策功能的发挥。

第三，村务监督委员会是民主监督机构。村民自治制度在其运行的40多年间，一直存在一个"重选举民主，轻管理民主"的问题，由此产生的违法乱纪案件已经引起民众的强烈不满，影响乡村和谐社会的构建。许多地方存在的民主理财小组、村务公开监督小组、村民理事会、村纪律委员会等村级监督机构因其监督力量相对薄弱和分散，难以发挥强有力的监督作用。因此，2010年修订的《村民委员会组织法》明确提出，要在村庄建立村务监督委员会或者其他形式的村务监督机构，负责村民民主理财，监督村务公开等制度的落实。至此，村务监督委员会的法律地位被正式确立。村务监督委员会制度的确立，使得村庄治理实际上形成了村党组织为领导核心、村民会议或村民代表会议决策、村民委员会执行、村务监督委员会监督的运行机制。

第四，村民小组是村级治理结构中重要的组成部分，是不可忽视的乡村政治力量。村民小组是村民自治普遍实行后在原来的生产小队的基础上设立起来的，主要协助村民委员会开展工作，其法律地位在《村民委员会组织法》中得到确认。根据《村民委员会组织法》相关规定，村民委员会可以根据村民居住状况、集体土地所有权关系等分设若干村民小组，村民小组组长由村民小组会议推选产生。村民小组是村民自治共同体内部的一种组织形式，负责经营、管理属于村民小组的集体土地和其他财产。村民小组在"村级利益表达和配合执行公共政策"[①]等方面发挥重要作用，较之

---

① 程同顺、赵一玮：《村民自治体系中的村民小组研究》，《晋阳学刊》2010年第2期。

村民委员会而言，村民小组内部社会资本存量丰富，因而可以有针对性地处理许多乡村事务，治理效果更为明显。

二、村民自治中的多重关系结构

村民自治各主体之间需要通过一定的程序、借助一定的方式联结起来，以便形成一个整体，产生统一行动，形成村民自治机制的良性运行。在对乡村公共事务的处理过程中，不同主体的影响和制约力量是不同的，因而，在特定的政治活动中也就形成不同的关系格局和关系结构。总的来说，如图1所示，村级关系结构表现为以下特征：以农村基层党组织为领导核心、决策—执行—监督形成闭合回路、乡村支配关系等。

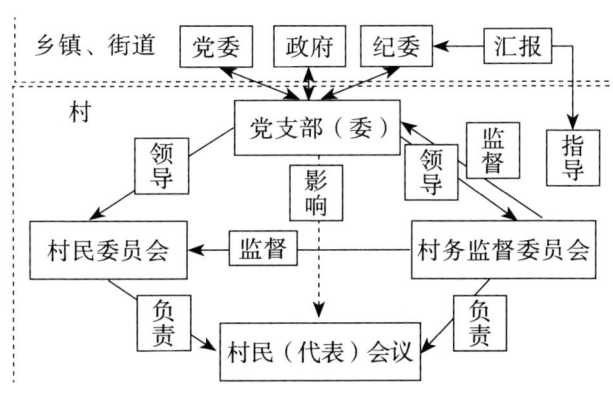

图 1 乡村权力结构图

资料来源：周功满、曹伟：《权力结构视域下的乡村权力监督——基于对村务监督委员会的考察》，《经济社会体制比较》2012年第3期。

第一，契合与冲突并存的乡村关系。《中华人民共和国宪法》明确规定村民委员会是农村基层群众性自治组织，因此村民委员会的法律地位得以确立，村民自治制度得以普遍推行，中国实际上开始了"乡政村治"的乡村治理格局。在这一治理格局下，中国农村基层存在着两个相对独立的权力主体，即"代表国家自上而下行使行政管理权的乡镇政府"和"代表村民行使基层社区自治权的村民委员会"。乡村关系是乡村治理中最基本的社会关系，折射出的是国家与社会、政府与农民的关系状态。

首先，应然的乡村关系体现为功能上的契合和需求上的互动。乡村治理机制的运行需要各治理主体之间保持一种既相互独立又相互依赖和合作的互动关系,乡镇政府同村民自治组织之间需要形成有机的衔接和互动。就当前的乡村治理实践来看,政府主导在一定程度上是必要的,尤其是某些公共服务和公共产品的供给,必须发挥政府的主导作用。此外,乡镇政府作为国家力量嵌入基层社会,也需要通过对乡村社会实施管理控制来实现国家对乡村社会的整合。从某种程度上来说,"乡村之间的契合和互动需求仍然是主流"①。在制度设计框架内,乡村关系主要表现为以下几个方面:一是乡镇党委与村级组织之间的领导与被领导关系。《中国共产党党章》《中国共产党农村基层组织工作条例》《村民委员会组织法》等对农村基层党组织的领导核心地位和作用作出了明确规定。其中,乡镇党委对村党支部的领导体现的是党组织内部上下级之间的领导与被领导关系。除此之外,乡镇党委对包括村民委员会在内的村级组织同样负有领导责任,确保其能够遵循国家的法律法规以及按照各自的章程充分行使职权。二是乡镇政府与村民委员会的指导与被指导的关系。按照相关法律规定,村民委员会是基层群众性自治组织,乡镇政府支持和帮助村民委员会开展工作,但是不得干预依法属于村民自治范围内的事项,同时,村民委员会也要协助乡镇政府开展工作。二者之间不是传统意义上的领导与被领导关系,而仅仅是指导与被指导的关系。三是乡镇政府与村级组织之间还存在行政管理与被管理的关系。《地方组织法》明确规定了乡镇政府的职权,依法行政是其基本准则和要求,乡镇政府对其所辖村庄有合法的行政管理权,任何组织和个人不得以任何理由拒绝国家政权机关的依法行政行为。

其次,实然的乡村关系表现为行政权和自治权的冲突。从文本角度来说,村民自治制度用法律形式厘定了乡镇政府的行政权和村民委员会的自治权之间的关系,但是在村民自治实际运行的过程中,往往出现两种权力边界模糊甚至矛盾冲突等现象,主要表现为以下两种情况:一是乡镇政府

---

① 陈晓莉:《新时期乡村治理主体及其行为关系研究》,中国社会科学出版社2012年版,第133页。

对村民委员会的支配性关系,即乡镇政府"加强对村级组织特别是村委会的渗透、影响和控制"①。总的来说,乡镇政府一般借助"村财乡管",对村干部的考核,乡镇干部包村或管片制度或直接干预村委会选举、决策等来实现对村的控制。二是村自治组织对待乡镇政府的行政管控有两种反应,一种是完全听命于乡镇政府,置村庄利益于不顾,不遗余力地执行来自乡镇政府的各项任务,成为乡镇政府的附属机构;另一种则与之完全相反,单纯从村庄利益出发,坚决抵制乡镇政府的指导,拒绝完成乡镇政府布置的各项任务,因其过度自治化而成为政府依法行政范围之外的不管地带。

第二,村庄"两委"关系的制度逻辑与现实状况。村庄"两委"关系指的是作为村民自治载体的村民委员会和党在农村的基层组织村党支部之间的关系。在村民自治实践中,村委会和村党支部是两个分别具有不同权力来源、性质、职责的村级组织,前者是农村基层群众性自治组织,按照《宪法》和《村民委员会组织法》相关规定开展工作;后者是党在农村的基层组织,是党在农村各项工作的基础,按照《宪法》《党章》《中国共产党农村基层党组织工作条例》以及《村民委员会组织法》等相关规定发挥党对乡村社会的领导核心作用。在村民自治运行的过程中,村庄"两委"时有矛盾发生。

首先,村庄"两委"关系的制度逻辑。《中国共产党党章》《中国共产党农村基层组织工作条例》以及《村民委员会组织法》等法律法规对村庄"两委"关系作出过明确规定,这些规定可以帮助我们厘清村庄"两委"关系的制度逻辑。村民委员会的性质是基层群众性自治组织,是村民自治运行的组织载体,负责处理村级公共事务和公益事业,而村党支部是共产党在农村的基层组织,按照中国共产党章程进行工作,在农村发挥领导核心作用。按照制度文本的解释,一方面,村党支部与村民委员会是领导与被领导的关系,村民委员会在党支部领导下开展自治活动;另一方面,村民委员会是村庄公共事务的承担者,可以满足村民多方面需求。因此,必

---

① 金太军、董磊明:《村民自治背景下乡村关系的冲突及其对策》,《中国行政管理》2000年第10期。

须确保村民委员会职能真正履行。

其次,现实中的村庄"两委"关系。在村民自治运行的过程中,由于制度规范对村民委员会和村党支部的职能边界划分并不十分清晰,进而在二者之间产生职能交叉,这必然导致村民委员会和村党支部围绕村庄资源展开利益争夺。村民委员会和村党支部在集体经济管理权、财权和干部任免权等几个方面形成了不同类型的互动关系。例如,可以根据村民自治过程中"两委"功能发挥的强弱将村庄关系结构划分为四种类型,即党强村强结构、党弱村强结构、党强村弱结构、党弱村弱结构,分别对应四种不同的运行机制,即民主合作型、村委会主导型、党支部主导型和软弱涣散型,如表2所示。当前我国实际情况是,北方和西部不发达地区的农村普遍是党强村弱结构。

表1 农村党政关系类型

		党支部影响力	
		强	弱
村委会影响力	强	A型: 党强村强 民主合作型	B型: 党弱村强 村委会主导型
	弱	C型: 党强村弱 党支部主导型	D型: 党弱村弱 软弱涣散型

资料来源:郭正林:《中国农村权力结构的制度化调整》,《开放时代》2001年第7期。

第三,村民委员会与其他村民自治组织的关系。在村民自治运行的过程中,村民自治组织之间也会发生一定关系,其中比较有代表性的是村民委员会同村民会议或村民代表会议之间的替代关系。由于法律规定的不完善,不少地方的村民会议、村民代表会议没有按规定召开,村民委员会替代村民会议、村民代表会议成为决策和执行合二为一的机构。

三、村民自治的运行程序

对于村民自治的运行程序，国家法律法规以及相关制度已经作出比较明确的规定。从法律和制度文本来看，村民自治的运行包括民主选举、民主决策、民主管理和民主监督。民主选举是指村民根据自己的意愿选出村民委员会主任、副主任以及委员的活动，民主决策是指村庄涉及村民切身利益的重大事项由村民会议或村民代表会议讨论决定，民主管理是指村庄各项事务的管理要遵循村民的意见，民主监督是指村务、财务要向村民公开，要接受群众的评议和监督。

第一，关于民主选举的法律规定。在马克思那里，民主意味着为阶级解放的要求而存在。几乎世界上所有国家都将民主作为政治发展的终极目标，而民主的落实则需要一整套切实可行的机制和程序。村民自治是中国农村基层群众行使直接民主权利的重要形式，其中，村民民主选举是其核心内容。2013年5月，民政部印发了《村民委员会选举规程》，对村民委员会选举程序和场地要求作出了明确规定。首先是选举前的准备。《村民委员会组织法》和《村民委员会选举规程》对选举前的准备工作作了详细说明，主要包括：成立村民选举委员会，并规定其组成、任期和职责；选举宣传；村民登记，即对依法享有选举权的村民进行登记，这是对村民选举资格的确认；候选人的产生，候选人的名额应当多于应选名额；选举竞争，即候选人与村民见面，并就履行职责的设想与村民展开交流，回答村民提出的特定问题。其次是投票选举。投票选举是村委会选举工作中非常重要的程序和环节，主要包括：召开选举大会；推选监票、唱票和计票人；在选举会场设立选票发放处、秘密写票处、选票代写和投票处；选择投票方式，主要有选举大会会场、投票站和流动票箱三种；公开计票；当场公布选举结果。此外，《村民委员会组织法》还规定，登记参加选举的村民在选举期间外出不能参加投票的，可以书面委托村有选举权的近亲属代为投票。

第二，关于民主决策的法律规定。民主决策在这里包含两层含义：凡属涉及村民切身利益的事项，必须由村民会议讨论决定后方可办理；村民会议所作决定应当经到会人员的过半数通过。按照《村民委员会组织法》的相关规定，村民会议有权审议村民委员会的年度工作报告并评议委员工作，村民委员会所有工作和活动都要对村民会议负责并受其监督。这一法律规定意味着，村民会议是最能直接代表村民利益、反映村民需求的自治组织，拥有最高的决策权力。除此之外，《村民委员会组织法》第24条同样规定，涉及村民利益的9类事项必须经过村民会议讨论决定后方可办理，这就意味着村民会议是真正意义上的民主决策机构。《村民委员会组织法》第23条也规定了村民会议决策的民主集中制原则，即村民会议所作决定应当经到会人员的过半数通过，这就保证了村民会议所作的决策是以村中多数人的共同利益为前提的，能够集中村民的正确意见，从而实现村民对村庄公共事务的参与和决策。

第三，关于民主管理的法律规定。管理民主是社会主义新农村建设的总体要求之一，同时也是调控和化解乡村人民内部矛盾、构建和谐乡村社会的重要保障。所谓民主管理，是指在对乡村内部各项事务进行处理的过程中，要充分尊重并照顾村民的利益诉求，吸引村民参与村内各项事务的管理，并认真听取村民的各种不同意见。

实行民主管理最重要的就是要推行村务公开制度。1998年，中共中央办公厅、国务院办公厅下发了《关于在农村普遍实行村务公开和民主管理制度的通知》，规定凡是群众关心的热点问题以及村里的重大问题都应该向村民公开，重点是财务公开。2004年6月，中共中央办公厅、国务院办公厅又下发了《关于健全和完善村务公开和民主管理制度的意见》，强调继续公开国家有关法律法规和政策明确要求公开的事项，继续把财务公开作为村务公开的重点，并及时丰富和拓展公开的内容。2010年的《村民委员会组织法》第30条明确规定了村务公开的具体事项，并列举了村民委员会应当及时公布的事项，同时特别强调，村民委员会应当保证所公布事项的真实性，并接受村民的查询。村务公开的基本程序是：村民委员会提出公开的具体方案，交村务监督委员会审查、完善后再交由村党组织和村委会的联席会议讨论通过，并以村务公开栏的形式及时予以公布。

第四，关于民主监督的法律规定。现代政治学理论认为："现代民主不仅仅是选举民主,更主要的是监督与制约。"[①] 民主选举只是开端,更多民主内容还在于监督和制约。中共十八届三中全会强调,要强化权力运行制约和监督体系,"坚持用制度管权管事管人,让人民监督权力,让权力在阳光下运行,是把权力关进制度笼子的根本之策"[②]。村民自治在运行了40多年并初步实现形式上和程序上的民主选举之后,如何加强对乡村公共权力运行的民主监督就成为核心问题之一。《村民委员会组织法》第32条规定,为监督村务公开的落实情况,村庄应当建立村务监督委员会或者其他形式的村务监督机构,并且其成员不得由村民委员会成员及其近亲属担任。在现阶段,中国农村基层民主监督是"由多种不同监督种类构成的比较复杂的监督系统",除了公共权力组织内部的自我监督,还存在两类监督形式:一种是代表国家政权力量的乡镇政府通过检查指导、考核评比、违规制裁以及财务清理和监管等自上而下实施的监督;另一种是由村民借助提意见、公开议论、民主评议、村务公开、村民会议或村民代表会议等形式或组织实现对村民自治运行过程中公共权力的监督。

第四节　乡村社会自我调节的机理

乡村社会在其发展的过程中,总是会自觉地孕育出一些用以调节乡村社会矛盾的方法和机制,以应付乡村社会发展以及由此带来的乡村社会整合问题,这一过程或机制我们可以称之为乡村社会自我调节。中共十八届三中全会明确强调,要创新社会治理体制,坚持系统治理,实现政府治理、社会自我调节和居民自治的良性互动。乡村社会自我调节功能的发挥可以对乡镇政府治理和村民自治形成有效补充,成为乡村治理机制中非常重要的组成部分。

一、乡村社会自我调节的主体

中共十八届三中全会明确提出,要处理好政府和社会的关系,激发社

[①] 马宝成:《民主监督:农村基层民主的新生长点》,《国家行政学院学报》2011年第6期。
[②] 《十八大以来重要文献选编》(上),中央文献出版社2014年版,第531页。

会组织活力，推动社会组织发挥相应作用，"适合由社会组织提供的公共服务和解决的事项，交由社会组织承担"[①]。乡村社会自我调节的主体主要是各类农村社区社会组织，充分发挥这些组织的规范协调功能，是对乡镇政府治理和村民自治的有益补充。

第一，农村社区社会组织的内涵。农村社区社会组织指由农民自发成立并自愿参加的、以农民为主要成员或服务对象、以满足农民不同需求为目标、以乡村社区为活动范围的公益类或互助类组织。中共十七届三中全会明确将其性质界定为农村服务性、公益性和互助性社会组织，现阶段主要包括各类扶贫协会、老年人组织、残疾人组织、红白喜事理事会、经济技术协会、群众性文体组织、志愿者组织等。

首先，农村社区社会组织具有自愿性和自治性特征。也就是说，这类组织的创建和运行是基于一定的契约，成员的加入或退出完全遵循自愿原则，不会受到来自外界力量的强制干预，农民主要依照自己的兴趣和利益来选择加入或退出某类社会组织。此外，自治性体现在农村社区社会组织实行组织成员的自我管理，有自己的章程和组织机构，不属于任何政府部门，也不接受政府部门直接管理。

其次，农村社区社会组织具有公益性或服务性特点。农村社区社会组织以满足农民的多方需求为基本目标，其工作的基本准则就是要保障和维护农民利益，因而具有较强的公益性和服务性，体现在具体职能上就是农村社区社会组织凭借自身特点向农民提供包括生产、生活和文化娱乐等方面的各种帮助和服务，从而使农民能真正从组织中获益。

最后，农村社区社会组织成员具有密切的感情联系。农村社区社会组织的活动范围局限于乡村社会内部，即运行的社区环境是"熟人社会"，便于组织农民参加并达成某些共识。此外，农村社区社会组织的规模一般都比较小，成员之间可以进行经常性的直接的交往和互动，因而感情联系比较密切。从这个角度来说，农村社区社会组织拥有存量丰富的社会资本，可以在乡村治理中发挥一定的协调功能。

---

① 《十八大以来重要文献选编》（上），中央文献出版社2014年版，第539—540页。

第二,农村社区社会组织的功能。作为乡村社会领域公共利益的载体,农村社区社会组织在提供乡村社会公共服务、协调不同治理主体间关系、构建乡村社会整合机制等方面扮演着重要的角色。

首先,农村社区社会组织推动乡村社会公共精神的建立。农村社区是农民生活的共同体,其和谐稳定的内在动力就在于社区内公共精神的维系。然而长期以来,中国农民因其小农意识而无法形成强大的合作意识,农民对社区的归属感和凝聚力不强,这极大地影响了农民对民主政治的参与,使村民自治在运行了40多年后仍然难以实现对乡村社会的有效整合。农村社区社会组织以农民为服务对象,依据农民的利益需求有针对性地开展服务活动,组织农民积极参与,并在这一过程中倡导平等、互惠、奉献等价值规范,从而增强农村社区的凝聚力。从这个角度来说,只有产生于乡村社会特定文化观念之上并立足于满足乡村社会内在需求的社会组织,才能够"将农民从情感认同但是组织上孤立的状态中解放出来,形成基于制度化和机制化交往和互动而造就的强大的社会凝聚力和社区认同感"[1]。

其次,农村社区社会组织有助于化解乡村社会矛盾,推动乡村和谐稳定发展。中国的现代化事业能否顺利推进在很大程度上取决于农村的发展态势,农村能否和谐稳定则取决于农民的利益需求能否得到及时有效的满足。中国农民是最大的弱势群体,其分散的状态决定他们无法将自己的诉求整合成强大的影响政府决策的力量。农村社区社会组织正好可以在农民与基层政府之间搭建一个用以沟通对话的平台,借助这一平台,一方面可以将党和国家的方针政策及时传达给农民;另一方面也可以将农民的利益需求及时反馈给乡镇政府,从而建立一种利益表达机制,将乡村社会的矛盾冲突控制在最小范围内。除此之外,农村社区社会组织还可以通过自发的纠纷调解、治安巡逻、心理疏导等活动发挥利益协调和矛盾调处的功能,推动乡村社会稳定发展。

最后,农村社区社会组织承担部分公共服务或公共产品的供给功能。乡镇政府是农村公共服务和公共产品的主要提供者,但是,单纯依靠乡镇

---

[1] 刘义强:《构建以社会自治功能为导向的农村社会组织机制》,《东南学术》2009年第1期。

政府提供又无法保证公共需要得到满足。农村社区社会组织具有自愿性、公益性、互助性、非营利性等特点,这就决定了将部分公共服务和公共产品交给农村社区社会组织提供是一种行之有效的模式,通过农村社区社会组织承担部分乡镇政府不该做或者做不好的公共服务或公共产品,可以间接提高公共服务、公共产品提供的水平和质量。一方面,农民的利益需求是琐碎和多样化的,需要提供的服务和产品也是千差万别的,这就使得乡镇政府很难作出及时反应,其整齐划一的制度更没有办法满足农民多元的利益需求。农村社区社会组织产生于乡村社会,能够更深刻地了解农民的多方面需求,因而能够针对农民的切实需要提供相应的服务和产品,可以在一定程度上弥补乡镇政府在公共服务和公共产品供给上的局限。另一方面,农村社区社会组织的非政府性特点决定其在提供公共服务和公共产品的过程中较少受到来自乡镇政府方面的影响,而非营利性特点又能保证农村社区社会组织不以利润最大化为其追求的目标,因此,可以保证所提供服务和产品的公正性。

二、乡村社会自我调节的制度保障

乡村治理机制的运行需要一整套规则体系作为保证,以协调和规范为主要功能的乡村社会自我调节,主要依赖的是乡村社会内部生成的非正式制度。所谓非正式制度是指特定地域或社区中的人们在长期的共同生活和交往过程中形成的、为社区成员所共同遵守的行为规则,非正式制度是依托于特定的文化发展下来的,对人们的思想和行为产生潜移默化的影响,在社会关系调节中发挥重要作用。在乡村治理中,非正式制度包括乡村社会的风俗习惯、人伦礼法、乡规民约等,这些非正式制度一方面可以调节乡村社会关系、规范乡村社会行为,另一方面也可以形成对国家正式制度规范的必要补充,推动乡村治理机制良性运行。

第一,非正式制度对乡村社会关系的调节以及社会行为的规范功能。"中国农民并非全是经济人,而是社会人、道德人,是一些生活在熟人社会中,并受到熟人社会中的各种习惯、默契、承诺乃至担忧所约束的人。"① 在乡村这样一个熟人社会中，人们的行为准则是人情规范，带有强烈的乡土性，在此基础上生成的社会关系往往也掺杂一定程度的人伦感情，如果依靠国家正式制度来实施调节和规范的话，有可能适得其反，出现矛盾扩大化的问题。只有利用乡村社会成员在共同生活中形成的伦理、风俗、习惯等非正式制度，才能获得较好的调节和规范功效。对于成员联系紧密的群体来说，其成员的日常行为更多依赖非正式制度，而不是法律这样的正式制度；社区内部居民之间纠纷的解决也多是依靠社区内部自然生成的非正式制度，而且，通过对社区内部人们行为反应的观察，我们可以将这种非正式制度分辨出来。乡村社会自我调节主要依靠伦理道德、风俗习惯、乡规民约等非正式制度发挥社会关系调节和社会行为规范功能。

第二，非正式制度可以提供正式制度嵌入的前提和运行保证。任何正式制度的设计都不可能做到无缝隙，都将给非正式制度的运行留出可能的空间。除此之外，要保证正式制度的运行效果，也必须将正式的制度植根于非正式的制度文化之中，以保证其顺畅运行。中国乡村社会的特点足以表明，"乡村治理的正式制度运行（或者称为制度化运行）和非正式制度运行（或者称为非制度化运行）是通过社会文化机制——诸如风俗、习惯、文化传统等——的相互渗透而合作运行或者背离运行的"②。只有植根于乡村社会文化并兼顾乡村非正式制度运行的正式制度才能产生比较好的规范功能。

第三，非正式制度可以形成对正式制度必要的补充。尽管中国的制度性规范已经比较完备，但还没有能够完全排除非正式制度的影响，因此，在国家制度性规范覆盖不到的角落仍然需要非正式制度规范中积极因子的影响。大量的研究事实表明，国家正式的制度设计有时候并不能完全契合乡村社会的实际需要，并不能较好地解决当地的治理问题，因此难以内化为人的行为准则，必须一方面发挥国家制度性规范的主导作用，另一方面

---

① 贺雪峰：《村治的逻辑——农民行动单位的视角》，中国社会科学出版社 2009 年版，第 12 页。
② 杨嵘均：《论正式制度与非正式制度在乡村治理中的互动关系》，《江海学刊》2014 年第 1 期。

通过乡村熟人社会中的非正式制度体系，发挥农村社区社会组织的调节功能。

三、乡村社会自我调节的运作

构建农村和谐社会，需要发挥乡村社会自我调节功能，就是要对乡村社会各个组成要素进行协调和整合，使之能相互依存、相互影响。乡村社会孕育出来的用以调节乡村社会矛盾等的方法和机制，就是乡村社会自我调节功能，它分为三个不同的阶段，即识别问题阶段、激发动力阶段以及实施调节阶段。

第一，识别问题阶段。乡村社会自我调节功能的发挥需要具备一定的条件，同时也需要遵循一定的过程，按照发现问题、分析问题、解决问题的顺序予以实施。识别问题是指乡村社会在其发展的过程中，能意识到自身所发生的各种变化以及由这些变化引起的各种社会矛盾，并能正确认识这些矛盾的表现以及产生的原因和背景。在乡村治理实践中，经常会出现乡村治理主体间的不协调甚至矛盾冲突，比如官民之间、干群之间、普通群众之间的矛盾等，这其中有的是需要借助法律法规等正式的制度予以调节的，有的可以通过乡村社会组织和非正式制度的作用缓解或消除，这就需要对矛盾的种类和性质有比较清醒的认识和了解，这主要是乡村社会组织起作用的阶段。识别问题是乡村社会自我调节的第一个阶段，对问题的识别是乡村社会自我调节功能发挥的基本前提。

第二，激发动力阶段。所谓激发动力阶段就是充分调动乡村社会成员包括个人和群体的积极性、主动性，使之能面对问题并参与到问题解决的过程中。乡村社会在发展过程中产生的问题和矛盾是与乡村社会每一个主体都息息相关的，任何一个主体都无法置身事外，都需要参与到对矛盾的处理过程中，发挥相应的调节功能。在识别问题阶段发现的问题能否得到解决，乡村社会自我调节功能发挥的程度，在很大程度上取决于对乡村社会成员动力激发的程度。要激发广大农民的动力，就要照顾到农民的利益需求，给予其相应的保障。

第三，实施调节阶段。实施调节阶段也是整合平衡的阶段，是乡村社会自我调节主体按照一定的规范，采取一定的措施，借助一定的媒介，作用于乡村社会问题或社会矛盾，使之得到解决的过程，这一阶段是乡村社会自我调节功能最大程度发挥的阶段。一般来说，在实施调节阶段，主要是协调各种利益关系，规范各种不合理行为，使之各处其位、各尽所能、各得其所，在这一过程中，主要是依靠乡村社会组织以及乡村社会非正式制度起作用。

第四章
乡村治理机制存在的问题及成因

当前,中国乡村形成了以农村基层党组织为领导核心的乡镇政府治理、村民自治和乡村社会自我调节彼此衔接互动的治理机制,这一治理机制基本上实现了对乡村社会的有效治理,对促进乡村经济社会发展起到一定积极作用,尤其是乡村水电、道路、部分基础设施建设等公共服务项目得到很大程度的改善。具体来说,中国乡村治理机制的积极意义主要在于以下几点:一是中国乡村治理机制带来了乡村基层民主的蓬勃发展。中国乡村治理机制实现了国家行政在"纵向上回撤和横向上收缩"[1]的变化,即国家体制内的行政组织止于乡镇一级,乡镇政府由全能行政转向有限行政,进一步拓展了乡村基层民主发展的空间。此外,农民通过参与村民自治,进一步增强了自身的民主意识,锻炼了自身的民主能力,这又在很大程度上促进了农村基层民主的进一步发展。二是乡村治理机制理顺了国家与社会关系。随着村民自治制度的普遍实行,乡镇政府与村民委员会之间由原来的领导与被领导的关系变成指导与被指导的关系。国家行政权力从乡村社会退出,使国家对乡村社会实现了有效治理。与此同时,大量乡村社会组织作为主体参与乡村治理也改变了国家和社会的力量对比,有利于形成"强国家—强社会"的目标关系模式。三是当前乡村治理机制实现了国家基层政权同农民群众的"面对面",可以增强国家对乡村社会的渗透能力,确保国家的方针政策在乡村顺利贯彻,国家意志在乡村社会得到较好落实。

当前中国乡村治理机制从设计角度来说,是希望在运行的过程中能实

---

[1] 姚锐敏:《"乡政村治"行政体制的利弊分析与改革出路》,《行政论坛》2012年第5期。

现农村基层党组织的领导核心作用以及乡镇政府在公共服务和公共产品供给上的主导作用，形成乡政和村治的有效衔接和良性互动，同时又能调动社会力量参与到乡村治理过程中。在实践中，由于一些体制性因素的影响、农民的主体意识不足、法制化建设的局限以及乡村社会组织发育缓慢等原因，乡村治理机制运行出现种种困境。带着对这一问题的思考，笔者于 2015 年 10 月到河北省秦皇岛市青龙满族自治县八道河镇某村进行了走访调研。青龙满族自治县是国家级贫困县，其下辖的八道河镇共有 19 个村，该村是其中的一个行政村，包括两个自然村。该村共有 450 户，人口 1700 多人，目前主要从事板栗种植业。本次调查使用了自填式问卷法和访谈法相结合的收集资料方法，共发放问卷 406 份，回收 398 份，其中有效问卷为 234 份，回收率和有效回收率分别为 98% 和 57.6%。笔者将在下文针对调查结果进行详细分析。

第一节　乡村治理机制存在的问题

乡村治理任务的多样化、复杂化、需要协调的利益的多元化以及其他不确定性因素的影响，使得乡村治理机制在运行的过程中经常出现一些偏离设计目标甚至严重影响治理效果的问题，主要表现在乡镇政府治理效能不高、村民自治运行失范以及乡村社会自我调节功能有待增强。

一、乡镇政府治理效能不高

中共十八届三中全会提出要推进国家治理体系和治理能力现代化，作为这一体系重要的组成部分，乡镇政府治理的现代化是国家治理体系和治理能力现代化的题中应有之义。然而，笔者在走访调查的过程中发现，当前乡镇政府的治理行为出现偏差，履行职能出现错位，并由此导致乡镇政府治理的效能和水平不高，农民满意度较低。

第一，乡镇政府治理中的职能错位。作为我国最基层的一级政权组织，乡镇政府是国家力量和社会力量的"交汇点与互动场域"[1]，起着重要的上传下达作用，一方面，乡镇政府需要将党和国家的方针政策贯彻落实下去，并向上反映民情民意；另一方面，乡镇政府还要借助国家力量向乡村社会提供公共服务和公共产品，并维护乡村社会发展的稳定秩序。因此，乡镇政府职能发挥的有效性直接决定其治理的效能和水平。笔者走访调查后发现，乡镇政府在履行职能方面存在错位。

首先是乡镇政府公共服务职能存在一定程度的缺位。中共十八届三中全会明确提出要"加强中央政府宏观调控职责和能力，加强地方政府公共服务、市场监管、社会管理、环境保护等职责"[2]。向乡村社会提供公共服务和公共产品，是当前乡镇政府最基本也是最经常的职能，是乡镇政府治理的核心内容。然而，不可否认的是，税费改革之后的乡镇政府"悬浮"于乡村社会之上，成了"表面上看上去无关紧要、可有可无的一级政府组织"[3]，主要以向上级政府争取财政资金等资源为主，忽视了对乡村社会公共事务的处理。由于认识上的不到位，导致本来应该由乡镇政府承担的某些公共服务的职能没能承担起来。另外，乡镇政府治理实践中还存在经济条件有限、干部素质低等因素，导致某些公共服务职能履行得不好，这也是一种客观上的缺位。乡镇政府公共服务职能缺位主要表现在乡村公共服务的个别项目投入不足，建设不到位，农民不满意度较高的项目集中在农业科技推广与培训、农村基础设施建设、农村环境等方面。在笔者走访的村庄，虽然安装了路灯，但是农民普遍反映因为拖欠了电费已经很长时间没用过了，很多基础设施项目的建设都成了形象工程。在被问到"乡镇政府最没能满足群众愿望的是哪些项目"时，被选率最高的三项分别是生态环境、经济利益和政治权利。

---

[1] 孙柏瑛：《开放性、社会建构与基层政府社会治理创新》，《行政科学论坛》2014年第4期。
[2] 《十八大以来重要文献选编》（上），中央文献出版社2014年版，第521页。
[3] 周飞舟：《从汲取型政权到"悬浮型"政权——税费改革对国家与农民关系之影响》，《社会学研究》2006年第3期。

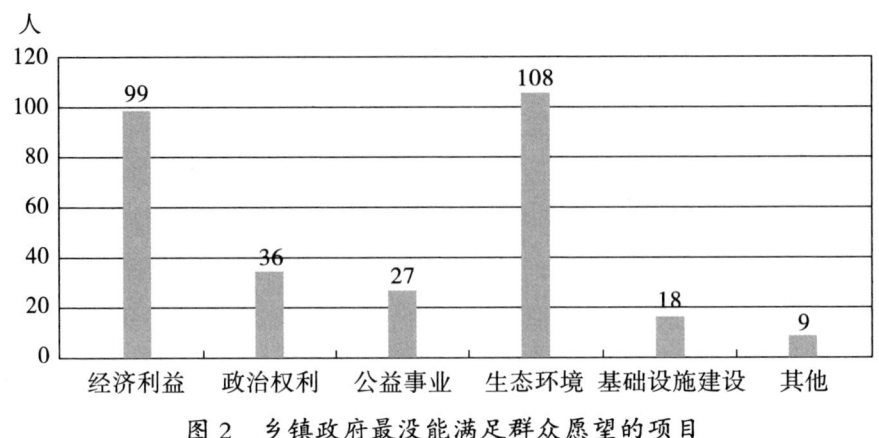

图 2 乡镇政府最没能满足群众愿望的项目

其次是乡镇政府的越位。所谓越位就是指乡镇政府作出了超越自身职能范围和权限的行为，在这里主要指的是乡镇政府对村民自治的干预和影响。虽然《村民委员会组织法》对乡镇政府与村民委员会之间的关系作出了明确规定，但是，在实践中却经常出现乡村支配性关系，乡镇政府通过控制村民委员会来保证其各项目标任务得以圆满完成。乡镇政府对村民委员会的控制主要表现为：通过操纵村民委员会选举选出乡镇政府认为合格的、"听话"的村干部；掌握村干部的人事任免权；通过"村财乡管"实现对村民委员会的经济控制；利用手里掌握的各种资源对村庄实施"诱致性控制"①；利用包村干部实现对村庄的掌控。在笔者走访的村庄，有一名乡镇派驻的包村干部，兼任村第一书记，村里有重大事情包村干部都会亲临现场。在访谈的过程中，当问到"您所在的乡镇政府会不会干预村委会选举"时，近30.7%的人回答会，42.3%的认为不会，剩下27%的人则表示不清楚。

最后是乡镇政府治理过程中出现的目标替代。目标替代是一个管理学的概念，指组织在运行的过程中既定的目标被其他目标替代或置换的现象。乡镇政府在其运行的过程中，由于受到公共权力结构和自上而下问责体系的影响，常常会发生目标替代现象，主要有两种类别的替代：一种是乡镇政府的个别职能部门或干部将公共目标替换为自己部门或个人的自利

---

① 金太军：《中国乡村关系的现状及对策》，《扬州大学学报（人文社会科学版）》2002年第4期。

性的目标；另一种是指乡镇政府工作重点的转移，我们在这里着重讨论后一种情况。从某种层面上说，"公共服务的提供是国家政权获得合法性和政治支持的重要来源"①。为乡村社会发展提供公共服务是乡镇政府最基本的职能，然而，近几年乡镇政府运行的实践表明，其行为取向越来越背离公共责任，而转向对上级政府考核目标的应对上。如前文所述，乡镇政府面临的考核目标主要有经济发展、精神文明建设和党的建设三大类考核指标，因此，其日常的工作重点也是围绕考核目标来实施的。一方面，GDP增长、财政收入的增长是硬指标，经济建设压倒公共服务；另一方面，取消农业税后，在国家"稳定压倒一切"的维稳政策下，乡镇政府将大量的精力和资源用在了乡村社会治安的维护和上访率的控制上，表现出消极作为的姿态。

第二，税费改革之后，乡镇政府的治理能力出现弱化趋势。当前，衡量一国竞争力的重要标准之一，就是该国政府的治理能力，即政府利用掌握的治理工具和治理资源对社会主体间关系进行规范、协调和平衡，对社会生活进行引导、控制的能力。乡镇政府处于国家政权体系的最末梢，可以直接接触乡村社会，这一位置决定了乡镇政府治理能力的高低直接影响着国家治理能力现代化的进程。税费改革之后，受财政收入和治理逻辑的双重影响，乡镇政府的治理能力出现弱化的趋势，主要表现在财政的"空壳化"、权力被虚置以及执行力的降低。

首先，乡镇政府财政的"空壳化"趋向。财政是国民经济的重要支柱之一，无论哪级政府都需要有充足的财政作为其运行的物质保障。乡镇政府作为国家方针政策向乡村社会输出的终端，其财政状况直接影响各项方针政策的落实情况，影响乡村社会乃至整个国家的稳定发展，乡镇政府的财政状况决定着乡镇政府的治理效能。1994年分税制改革后，乡镇政府的财权被逐层压缩并上移。2006年税费改革更导致乡镇政府收入锐减，财政状况更加严峻，呈现出"空壳化"趋势，其主要表现就是各地乡镇政府债务危机深重。中华人民共和国审计署发布的2013年第32号公告《全

---

① 赵树凯：《乡镇治理与政府制度化》，商务印书馆2010年版，第222页。

国政府性债务审计结果》显示,截至 2012 年底,全国 3465 个乡镇政府负有偿还责任债务的债务率高于 100%,其中 148 个乡镇 2012 年政府负有偿还责任债务的借新还旧率超过 20%。截至 2013 年 6 月底,全国乡镇政府负有偿还责任的债务 3070.12 亿元,政府负有担保责任的债务 116.02 亿元,政府可能承担一定救助责任的债务 461.15 亿元。详见表 2 所示:

表 2　2013 年 6 月底地方各级政府性债务规模情况　　单位:亿元

政府层级	政府负有偿还责任的债务	政府或有债务	
		政府负有担保责任的债务	政府可能承担一定救助责任的债务
省级	17780.84	15627.58	18531.33
市级	48434.61	7424.13	17043.70
县级	39573.60	3488.04	7357.54
乡镇	3070.12	116.02	461.15
合计	108859.17	26655.77	43393.72

资料来源:《中华人民共和国审计署 2013 年第 32 号公告:全国政府性债务审计结果》,中华人民共和国审计署网,2013 年 12 月 30 日。

其次,乡镇政府权威的弱化。在乡村治理实践中,乡镇政府一般是通过对乡村社会进行行政管控来实现对乡村社会的影响并由此获得相应的权力,通过对乡村社会提供公共服务、解决公共问题来提升自身的权威。当前,随着乡村社会发展困境越来越深重,乡镇政府在农民心中的公信力越来越低,其政权威望呈现下滑趋势。具体表现为:一是乡镇政府的行政权在一定程度上被虚置。乡村治理就是运用并合理配置乡村公共权力以达到解决乡村社会公共问题的目的,乡镇政府为乡村社会提供公共服务和公共产品,必须以一定的行政权为基础,其治理能力的大小与行政权的大小成正比。由于压力型行政体制和地方政府条块管理的存在,乡镇政府承担了更多目标考核任务,而协助完成这些考核任务的"七站八所"等职能部门虽然设置在乡镇一级,但是属于县政府的垂直单位,不归乡镇政府管理,乡镇政府实际上处于县政府授权不足的状态。二是乡镇政府在农民心中的公信力下降。亨廷顿曾经提过,政府必须先有权威,然后才能谈限制自身的权威。税费改革后，由于乡镇政府公共服务能力减弱，加之干部腐败现象频发，导致基层群众不愿意相信乡镇政府，其公信力和权威大大降低。笔者在走访的过程中也发现，农民对乡村干部的印象普遍不好，不愿意相信他们。2014 年，中国农民状况发展报告显示，2013 年农民对各级政府的满意度按政府层次从高到低递减，其中中央政府为 92.33%，省级政府为 82.27%，县级政府为 56.96%，乡镇政府为 49.64%，与基层社会接触最为直接的乡镇政府是农民满意度最低的一级政府。详见表 3 所示：

表 3 农民对各级政府的评价（%）

政府层级	非常满意	比较满意	一般	不太满意	很不满意
中央政府	59.42	32.91	7.37	0.23	0.07
省级政府	38.23	44.04	15.67	1.91	0.15
县级政府	21.10	35.86	31.55	9.87	1.62
乡镇政府	18.85	31.06	29.70	15.69	4.97

资料来源：徐勇、邓大才、任路等：《中国农民状况发展报告 2014（政治卷）》，北京大学出版社 2014 年版，第 70 页。

最后，乡镇政府施政能力不高。中共二十大明确提出："转变政府职能，优化政府职责体系和组织结构，推进机构、职能、权限、程序、责任法定化，提高行政效率和公信力。"[①] 乡镇政府的执行力就是乡镇政府将党和国家的路线方针政策贯彻落实的能力，是衡量乡镇政府治理能力的一个重要标准。乡镇政府的政策执行能力直接决定着党和国家关于"三农"问题的方针政策能否落实下去，进而影响着乡村社会现代化进程能否顺利推进，影响着党和国家在农民心中的威望。进入新时期，乡镇政府在政策执行方面出现一系列问题，总体表现为政策执行力低下，即在政策执行过程中存在消极拖拉、逃避责任、选择执行、机械执行、虚假执行等情况。具体来说有以下几种情况：一是乡镇政府在执行过程中存在消极不作为情况。税费改革的意外后果就是乡镇政府的"悬浮"，尤其是在国家维稳的

---

① 习近平：《高举中国特色社会主义伟大旗帜 为全面建设社会主义现代化国家而团结奋斗——在中国共产党第二十次全国代表大会上的报告》，《人民日报》2022 年 10 月 17 日。

强大压力下,不少乡镇政府本着"不出事"的逻辑,在治理实践中消极不作为。二是乡镇政府在政策执行过程中"避重就轻",有选择地执行某些容易出政绩的政策。中共十六届五中全会提出的社会主义新农村建设要求经济、政治、文化和社会综合协调发展。然而,由于受主、客观因素两方面的影响,基层政府在将这一建设目标贯彻落实的过程中,选择性地将落实的重点放在了容易出效果的村容村貌的整治上。三是乡镇政府在执行党和国家的方针政策的过程中会出现机械执行的情况,即无视我国乡村社会发展的非均衡性特点,对中央制定的相关政策生搬硬套,其结果是造成了当地资源的巨大浪费。无论哪一种情况的执行力不足,其结果都是导致基层政府离农民越来越远。2014 年中国农民状况发展报告显示,有将近三分之一的农民没有意识到政府的影响,在确定的 3821 个样本单位中,有 693 个认为影响很大,1592 个认为有影响但不大,1331 个认为没有什么影响,205 个说不清楚。[①]

第三,乡镇政府治理过程中出现的制度异化现象。农村税费改革之后,乡镇政府将大部分精力都用在向上级寻求资源和完成上级政府制定的各种目标考核任务上,忽视了对民情民意的体察,没有将农民的各种诉求向上反映,致使一些涉农、惠农的政策没有真正落到实处,没有将国家与基层社会真正联结起来,这就是乡镇政府的"制度异化"。

异化概念的提出最早见于黑格尔的"客观精神的异化"和费尔巴哈的"宗教的异化",指的是事物在其运行发展的过程中转化成与自身对立的东西。马克思在《1844 年经济学哲学手稿》中对异化概念进行了详细分析,在马克思那里,异化指的是这样一种过程,即从事物自身分离出来一种逐渐远离自身的素质或力量,这种分离出来的力量反过来又成为支配自身的素质和力量。此后,异化被用于对人以外的组织、行为和制度等的社会现象的描述中。这里所讨论的乡镇政府的制度异化主要是从政府和农民的关系角度入手的,指本来为了满足公众需求而设计做出的制度安排,在实际运行的过程中

---

① 徐勇、邓大才、任路等:《中国农民状况发展报告 2014(政治卷)》,北京大学出版社 2014 年版,第 28 页。

却超越了公众的社会需求，本末倒置地成了主体，或者说，乡镇政府本应遵循制度安排满足农民的公共需求，却在运行过程中将制度变成了自身逐利的工具。乡镇政府的制度异化表现为制度逆变、制度虚置、制度错位等。

首先是由于乡镇政府某些自利性追求导致的制度逆变。乡村治理机制的基本构成要素之一就是一系列的规范体系，我们可以称之为制度，这些制度安排对各主体在乡村治理中的角色、功能、行为等做出明确规定。乡镇政府的一系列制度安排是为了确保其能更好地履行职责，提供用于满足公众需求的公共服务和公共产品，然而在实践中却出现了规则目标的转向，即地方官员的自利性追求不断冲破规则体系的束缚，将基层政府变成了他们自己的政府。乡镇政府治理中存在的这种自利性追求会严重破坏国家和基层社会的关系，一方面，党和国家的方针政策在向下贯彻落实的过程中会经过基层政府自利性的过滤，另一方面，农民的各种诉求、愿望也被选择性地上报，最终使得党和国家的方针政策要么落实不到位，要么不能满足农民的需求，严重影响了"三农"问题的解决。

其次是乡镇政府治理存在某些制度被虚置的现象。乡镇政府在运行的过程中虽然产生了大量细化的文本规范，甚至可以说这些规范体系已经非常完备，但是，在治理实践中却并没有完全按照这些规章制度办事，大部分已经"上墙"的制度只是为了应付上级检查而装点门面用的。更有甚者，在处理同村庄的关系时，乡镇政府也没有遵循制度规定给予村民委员会应有的指导和支持，而是越权将村庄自治组织变成了自己的附属行政机构。

最后是由于制度之间的不协调导致的制度错位。在乡镇政府的治理实践中，出现某些行为偏差并不是因为没有制度，而是因为已存的制度之间存在不协调甚至矛盾的地方，导致在按章办事的过程中只能顾此失彼。

二、村民自治运行有待增效

20世纪80年代，随着家庭联产承包责任制的推行，中国农村的人民公社体制趋于解体，国家恢复了对乡镇基层政权的建设，并在村级设立村民委员会，实行村民自治。中共十七大报告将基层群众自治制度作为中国社会主义民主政治的重要组成部分之一，由此确立了农村基层民主制度的重要地位。从 1980 年中国第一个村民委员会诞生至今，村民自治制度运行已有 40 多年，在一定程度上推动了农民直接民主权利的实现，但是，也存在一些机制运行上的失范，尤其是进入 21 世纪以来，乡村形势的新变化也引发了村民自治新的困境。

第一，村庄关系失调。在当前中国的政治体制架构中，作为村民自治运行主要载体的村民委员会必然要同乡村其他各类组织发生各种关系，在这一过程中，必将形成以村民委员会为核心的多重的村庄关系结构，包括乡村关系、村庄"两委"关系、村自治组织间关系等。虽然《宪法》《村民委员会组织法》《地方组织法》等相关法律法规对以上村庄关系作出过明确规定，但是在村民自治运行的过程中仍然存在着上述关系的失调。

首先，乡村支配性关系使村民委员会出现"附属行政化"倾向。《村民委员会组织法》明确规定，乡镇政府不得干预依法属于村民自治范围内的事项，然而在实践中却明显存在着乡镇政府对村庄的管控。一是乡镇政府为了完成上级政府指定的目标任务而将具体的考核指标进一步细化量化，再分配给下属的各个村庄，并规定了严格的考评标准，以此来督促村民委员会完成各种行政任务。此外，乡镇政府更通过直接干预村民委员会选举来确保选出的是"听话"的村干部，通过"村财乡管"、干部诫勉制度等牢牢掌控村民委员会的运行，将村民委员会变成乡镇政府的附属行政机构。二是村民委员会为了获取乡镇政府手中掌握的资源，不得不处理各种乡镇政府派下来的行政事务，行政化的村民委员会沦为乡镇政府伸向村庄的一只手。此外，村庄人财物都被乡镇政府管控，也造成了村民自治的"空壳化"。笔者在走访调查的时候曾向农民问到"您所在的乡镇政府会干预村委会选举吗"，得到的答案是约三分之一的农民认为乡镇政府对本村村委会选举构成影响。

其次，村庄"两委"关系的紧张和矛盾。村庄"两委"指的是作为自治组织的村民委员会和作为农村基层党组织的村党支部，它们是两类权力来源完全不同的组织。村党支部是中国共产党在农村的基层组织，按照相关法律规定要在村民自治中发挥领导核心作用，村民委员会作为村民自治组织主要负责对村庄事务的管理。在村民自治运行的过程中，二者经常会展开对乡村财权和事权的争夺，以致纠纷不断。无论哪一种形式的矛盾和争夺，"两委"不合的后果就是导致村庄事务处理的混乱，降低它们在农民心中的权威形象，甚至影响乡村的稳定发展。村庄"两委"矛盾已经成为制约村民自治机制运行的问题之一。为缓解"两委"矛盾，个别地方实行村委会主任和村党支部书记"一肩挑"，变二元结构为一元管理，但其效果并不是很明显，仍然存在伤害村民自治权的情况。笔者调查的村庄村委会主任和村党支部书记没有兼任情况，但农民反映"两委"关系不是很好。

最后，村民委员会和村民代表会议之间的替代关系。按照村民自治的制度设计，村民会议或村民代表会议是决策机构，村民委员会是执行机构，然而，在村民自治运行的过程中却经常出现作为村民自治决策机构的村民会议被村民委员会替代的现象，村民自治成为村民委员会的自治。具体表现为以下三方面：一是由于法律规定的局限，导致在实践中村民会议、村民代表会议都是由村民委员会召开的，主动权掌握在村民委员会手里，致使不少地方的村民会议、村民代表会议无法正常履行决策职能。二是有些地方存在村干部直接决定村民代表情况，致使选出来的村民代表并不能真正代表民意，严重影响了村民代表会议决策功能的发挥。三是一些农村地区即使召开了村民代表会议也只是在走形式，没有什么实质性内容。笔者在走访调查的时候，当问到"村里重大事务的决策方式是什么"时，只有近31%的村民回答是由村民代表会议决定。当进一步问到"您村村民代表会议能履行责任吗"，多数村民认为不能或偶尔能履行责任，只有小部分人认为经常能履行责任。

第二，村民自治的不平衡运行。按照制度设计，村民自治的核心内容包括四个"民主"，只有所有环节整体全面推进，才能使村民的直接民主权利得到保证。但是在实践中，法定的村民自治运行程序往往出现偏斜。

首先，当前村民自治运行表现为重民主选举，轻民主决策、民主管理和民主监督。从制度设计角度来说，村民自治运行程序的四个环节应该是相辅相成、缺一不可的。而在村民自治运行的实践中，很多地区尤其是贫困地区，只注重民主选举、忽视其他三个环节的现象时有发生，村民自治在农民看来就是投票选举村民委员会。具体表现在以下三点：一是民主决策程序不科学。按照《村民委员会组织法》的相关规定，村民会议或村民代表会议是村民自治的决策机构，负责讨论决定村中涉及村民利益的重要事项。然后现实情况却是，不少地方的村民会议不能按时召开，或者即使召开了，重大事务仍然由村干部作决定。笔者在走访村庄调查时发现，该村的村民会议、村民代表会议能按照规定在有重大事务、年终总结时或民主议政日召开，但村民的反映却是召开了也没用，因为每当在村民会议上要提意见的时候就会收到散会的通知，村民的民主决策权得不到真正的落实。二是民主管理不够规范。虽然村庄目前都设有村务公开栏，但都是流于形式。三是民主监督不到位。同笔者走访的村庄一样，多数村庄的民主监督限于财务监督和包村干部实施的监督，村民监督不到位。按照有关规定，村民会议、村民代表会议有权审议村民委员会的工作报告并撤销或变更其中不适当的决定，或者说，当有本村五分之一以上的村民或三分之一以上的村民代表联名要求时，村委会成员可以被罢免。由于部分村民的监督意识比较薄弱，因此，这些规定在当前很多村庄难以完全落实。笔者曾问到走访村庄村民，"如果发现了村干部的违纪行为，会怎样处理"，近一半的村民选择了"与我无关，不过问"。正是因为民主决策、民主管理和民主监督落实不到位，才导致轰轰烈烈的选举和选举之后的村委会的实际运行之间出现较大的"断裂带"，加剧了农民的不信任感。

其次，村民委员会选举形式化。民主选举是指村民根据自己的意愿选出村民委员会主任、副主任以及委员的活动，是一种直接民主。村民自治的运行要靠四个民主的整体推进，在民主决策、民主管理和民主监督还处于较低发展水平的情况下，民主选举也只能是形式化的。从成本和能力的角度来看，民主选举是最容易实现的，因此，运行多年的村民自治更多的是围绕村委会选举展开的，三年一次的村委会选举成了村民行使民主权利的最佳机会。然而，随着选举过程中出现乡镇政府的干预、村庄宗族和灰色势力的影响以及贿选、串联拉票等乱象，村委会选举越来越形式化了，村民对此也越来越无所谓了，在他们看来，选举只是个形式罢了，村委会干部早就已经确定了，这极大降低了农民的参与热情。笔者调查的 234 名村民中有 27 人没有参加上一次的村民委员会换届选举投票，当问及原因的时候，这 27 人的回答都是"选举只是形式，投票没用"。2014 年中国农民状况发展报告显示，在没有投票的村民中，19.19% 的人认为"选举只是形式，干部早就定好了"，8% 的人认为"选举结果与我无关"，4.71% 的人认为"没有想选的人"，7.35% 的人认为"只有一票，对选举结果影响不大"，1.21% 的人认为"选谁都没用"，26.86% 的人是因为临时有事没赶上投票，17.87% 的人是因为没接到投票的通知，其他原因占 14.81%。[1]

最后，在村民自治运行过程中农民参与不足。农民参与是我国基层民主政治发展的重要内容和显著标志，也是衡量我国政治现代化的重要指标之一。从一定意义上说，农民的参与情况直接决定着村民自治运行的效果。然而，从当前村民自治运行的实践来看，我国农民政治参与不足，具体表现在参与的意愿比较低、参与的范围和程度不够、参与的环境不好等方面。由于受小农意识影响，中国农民的政治参与意识不强，尤其是西部贫困地区的农民，更是因为忙于生计而无暇参与。即使是村委会选举这样的直接民主，仍有一部分农民是被动参与，主动参与的农民只占少数。2011 年华中师范大学中国农村研究院对全国 31 个省 270 个村的 4794 位农民进行的关于"农民政治参与"情况的调查显示，虽然有近 80% 的人参与了村委会选举，但大多数农民没有进一步参与民主决策、民主管理和民主监督。调查数据表明，参加村民会议的农民中，有 69.9% 的农民没有提出过意见；此外，只有 28.1% 的农民监督过村务。[2] 笔者走访调查的结果也显示，只有不到 1/2 的人关注过村务公开情况。

第三，村民自治机制运行中面临的其他困境。改革开放以后，大量

---

[1] 徐勇、邓大才、任路等：《中国农民状况发展报告 2014（政治卷）》，北京大学出版社 2014 年版，第 37—38 页。

[2] 徐勇、邓大才主编：《中国农民的政治认知与参与》，中国社会科学出版社 2012 年版，第 4—5 页。

空心村的出现使得村民自治陷入尴尬境地。另外,随着农村宗族势力的形成壮大,村委会选举被宗族组织和势力操纵,严重降低了选举的公平性和质量。

首先,大量农村剩余劳动力流动形成的"空心村"使村民自治形成了有制度无载体的现状。改革开放以后,伴随着农业生产力的提高,大量的农村剩余劳动力流向城市,流向第二、三产业。特别是进入新时期以来,城市优越的生活条件和巨大的发展空间对农村的年轻人形成巨大的拉力,农村青壮年劳动力开始不断向城市或经济发达地区流动,村中产生大量留守老人、留守妇女和留守儿童,学者称之为"空心村",空心村的形成严重影响了村民自治的良性运行,削弱了村庄的自治功能。主要体现为:一是村中留守人员整体素质不高,自治能力较低;二是村中青壮年劳动力即精英参与主体的缺失,导致村民对村民自治参与的质量不高,甚至可能形成村中少数人决策的情况。

其次,农村宗族势力复兴并干扰村民自治的良性运行。20世纪80年代,随着人民公社体制的解体,许多地方尤其是南方地区的宗族势力得以复兴,宗族组织开始重建。一般来说,宗族内部成员之间以血缘关系为基础形成亲密的感情联系,有着共同的生活空间和利益需求,对外具有排他性。宗族势力复兴对村民自治的消极影响包括:一是宗族势力或组织严重干扰村委会选举的正常运行,降低选举结果的公平性。当前在很多农村地区尤其是宗族意识比较浓厚的农村,宗族势力的介入使得村委会的选举越来越困难,一方面,为了顺利当选,候选人会以亲密的血缘关系以及宗族利益的实现为理由拉票;另一方面,村民在选举村委会干部的时候遵循的是感情原则,即主要看候选人是不是本家族或宗族内部的成员。更有甚者,不同宗族之间为了夺取选举胜利而大打出手、破坏选举的事情也不在少数,各种乱象丛生。二是宗族势力的介入使得在选举中胜出的往往是大家族内部成员,能力有限,而且大家族成员在出任村干部后往往从家族或宗族利益出发作决策,造成村民自治权力的异化。2011年华中师范大学中国农村研究院所做的关于"中国农民的政治认知与参与"的调查显示,村委会选举最让农民担心的问题中,"贿选买票等行为蔓延"所占比例最高,为17.7%,其后依次为"选民投票率低"占16%,"乡镇政府干预和控制选举"占16.6%,"候选人竞争激烈"占15.7%,"宗族、房头势力影响选举"占8.7%,"个别村霸通过非法手段操纵选举"占7.3%,其他占18%。[①]

三、乡村社会自我调节功能有待增强

乡村社会自我调节需要发挥农村社会组织在公共服务供给、社会关系协调、社会行为规范等方面的重要作用。但是由于当前农村社会组织的发展缓慢以及非正式制度的局限,使得乡村社会自我调节功能的发挥明显受阻。此外,由于在乡村社会自我调节运作过程存在一定问题,导致乡村社会自我调节功能有待进一步增强。

第一,乡村社会非正式制度的局限。乡村治理机制运行的实质,就是通过一系列的制度安排对乡村社会资源进行合理有效配置,解决乡村社会公共问题。正式制度虽然是乡村治理机制运行的重要保障,但乡村社会自我调节却主要通过乡村社会的非正式制度起作用。大量研究表明,乡村社会非正式制度由于自身的局限性以及在一定程度上形成与国家正式制度的冲突,已经影响到乡村社会自我调节的正常运行,从而产生了一些问题。

首先,是乡村社会秩序非制度化的困境。非正式制度包括伦理道德、风俗习惯、乡规民约等,产生于乡间地头又被内化于心,非正式制度的产生带有较强的传统烙印,其局限性也是显而易见的,乡村社会完全依赖非正式制度进行自我调节有时候也会陷入困境。一方面,乡村社会非正式制度的封闭性和保守性阻碍了乡村社会的正常发展,从全国范围来看,经济落后的不发达地区往往是非正式制度起主要作用的地区;另一方面,从近些年的乡村社会发展现状来看,封建迷信在农村的抬头导致了乡村社会秩序的畸形发展。

其次,乡村社会正式制度与非正式制度间的冲突在一定程度上影响了国家正式制度有效性的发挥。乡村社会非正式制度是在村民长期的共同生

---

① 徐勇、邓大才主编:《中国农民的政治认知与参与》,中国社会科学出版社2012年版,第153—154页。

活中产生并慢慢发展起来的,对于调节熟人社会中的血缘关系和地缘关系效果很好,但是,非正式制度依靠人内心的羞耻感和外在的舆论起作用,这与正式制度的规范性要求相悖,二者之间必然产生冲突。一是国家顶层设计的正式的制度规范并没有得到真正的贯彻落实,"乡村社会的非正式制度客观上扭曲甚至制约着正式的乡村治理制度——村民自治制度的有效运行"[①]。具体体现在,作为国家正式制度的村民自治在其运行的过程中逐渐偏离制度文本规范的模式而走向被宗族、黑灰势力掌控的非制度化的运行。二是国家正式的法律同作为民间法的村规民约之间也存在冲突,虽然目前多数村庄的村规民约是依法制定的,但大多具有地方特色,甚至存有一定程度的封建残余,依靠民间法进行自我调节必然导致农民对国家正式法律的冷漠和疏远,对国家法治化进程的顺利推进无疑具有负面影响。

最后,以大量非正式制度为典型特征的乡村社会资本流失。虽然社会资本概念产生于 20 世纪 70 年代末期,但人类社会产生之初形成的以血缘关系为基础的合作,可以算作社会资本的雏形。随着农村社区的逐步形成,在乡村社会发展起来以血缘和地缘关系为基础的熟人圈子,人们在长时间的共同劳动和共同生活的基础上形成了比较亲密的人际关系以及共同的价值观念、信仰和道德等,这些都是构成传统乡村社会资本的重要组成要素。伴随乡村社会向现代转型,传统乡村社会资本呈现出衰落态势,表现为人们之间的关系网络缺乏稳定性,彼此之间的信任程度降低,非正式制度对人们的制约能力减弱。乡村社会资本的流失,一方面导致农民公共精神缺乏,相互之间的互惠合作减少,从而使农民的组织化程度降低,影响了乡村社会自我调节功能的发挥;另一方面,也增加了农民彼此之间以及农民对基层政权组织、村庄自治组织及其领导人的不信任程度,这种不信任大大降低了农民的政治参与热情,甚至引发农民的政治冷漠,严重阻碍了国家政权力量和乡村社会力量的互动合作,阻碍了乡村治理机制的良性运行。

---

① 杨嵘均:《论正式制度与非正式制度在乡村治理中的互动关系》,《江海学刊》2014 年第 1 期。

第二，乡村社会自我调节功能的局限。乡村社会自我调节就其本质来说是一种被动的调节，这就意味着，乡村社会自我调节往往是在问题发生之后实施的调节，加之调节的主体力量不足和非正式制度的局限，使得乡村社会自我调节具有一定的局限性，主要表现在乡村社会自我调节具有一定的滞后性、无序性和随意性。

首先，乡村社会自我调节的滞后性。乡村社会自我调节功能的发挥，有赖于对乡村社会发展特定问题的识别，当前乡村治理的实践表明，乡村社会识别问题的能力不够，不能及时发现问题，其原因就在于乡村社会组织发展的局限。当前，部分中国农村地区社会组织发展缓慢，已经存在的社会组织也多为一些满足农民自身文化需求的文娱组织，影响了识别问题的能力。

其次，乡村社会自我调节的无序性和随意性。乡村社会自我调节的主要主体是乡村社会组织，但是在解决问题的过程中，真正参与的是广大的农民群众。由于在农民内部又存在着不同的利益群体，其各方面的诉求也不尽相同，而乡村社会自我调节往往只能满足某个或某些特定群体的利益，因此只能以无序的状态表现出来，如果不加控制，就有可能演变成乡村社会的不安定因素。此外，在乡村社会自我调节过程中，对乡村社会关系的协调和行为的规范多依靠非正式制度，较之正式制度来说，具有较大的随意性，进而也影响到调节的效果。

第二节　乡村治理机制存在问题的成因

任何设计良好的机制在其实际运行过程中都有可能产生各种问题，影响机制功能的发挥。从某种程度上来说，中国乡村社会发展的困境来源于乡村治理机制的不完善和运行上的不协调，而产生这种不完善和不协调的主要原因，既有某些体制性因素的影响，又包括治理主体和治理规范上的缺失与不协调。

一、县乡行政体制的弊端

通过对比制度、体制和机制三个相关联的概念,我们可以得出这样的结论,即中观层次上的体制架构一定会对微观层次上的具体机制产生制约作用。因此,乡村治理机制存在的问题,可以从当前行政体制尤其是县乡政府间垂直的管理体制上找到原因,无论是"乡政"同"村治"的衔接问题,还是乡镇政府治理的效能问题,在很大程度上都来自这种体制的影响。

第一,当前县乡行政体制的特点。行政体制一般指政府系统内部的机构设置、行政权力的划分以及运行等的关系和制度的总和。本书在讨论县乡行政体制的时候,着重讨论县乡政府间垂直的行政管理体制。总的来说,当前县乡行政体制表现为一种支配性政府间体制,在这种体制下,上级政府有时候会侵占下级政府的部分权力,使得下级政府沦为相对意义上的不完全政府。

首先,县乡的绩效考核机制。现阶段,县乡绩效考核机制主要体现为目标考核,指县级政府为了完成其上级地方政府下达的目标任务而将其分解、量化成更细的指标,并把这些指标分派给其下级的政府组织或职能部门,责令其在规定的时间内完成,并根据任务完成情况给予相应的奖励或惩处。在这种行政体制下,目标任务完成情况成为衡量乡镇政府运行效率的标准,乡镇干部的晋升与否及奖金多少也都是同任务完成情况密切挂钩的,因此,如何完成上级政府下达的各项任务就成为乡镇干部在工作中首先考虑的核心问题,乡镇政府的各项工作也都是围绕这一核心问题展开的。

其次,县乡政府责权分配的不对等。从一定意义上说,当前的县乡行政体制表现出某种程度的行政集权的特征,即上级政府对下级政府的行政领导和控制,上级政府在行政资源和行政职能的分配上占有优势地位。在这种体制下,县级政府出于控制的需要和自利性的追求,往往保留更多的行政资源,而将更多的行政责任分配给其下级的乡镇政府,造成了县乡两级政府在责权分配上的不对等,县级政府拥有更多的决策权,乡镇政府由于部分决策权被上级政府侵占,从而在某种程度上沦为县政府的"行政单位"。与此相反,县乡政府间的目标考核却使乡镇政府分担了更多的行政责任,进一步加剧了县乡政府责权分配的不对等。

最后,县乡政府机构设置的趋同。县乡政府在机构设置上的趋同不但有利于上下级政府沟通,更有利于上级政府对下级政府实施领导和控制,这种趋同使得乡镇政府的机构改革在某种程度上依赖于县政府的机构改革,缺乏独立性和主动性。

第二,县乡行政体制对乡村治理机制的影响。从一定意义上说,机制的形成和运行要受到体制、制度的影响和制约,体制上的任何不足都可能影响到机制的进一步完善。当前县乡行政体制中的绩效考核机制、责权不对等已经对乡村治理机制的完善产生不良影响,使乡镇政府的治理角色发生转变,职能履行出现错位,降低了乡镇政府的治理效能。

首先,当前的县乡行政体制使乡镇政府的角色发生转变。从乡村治理的角度来说,乡镇政府作为主要的治理主体,需要扮演乡村公共服务供给者、乡村公共问题解决者、乡村社会秩序维护者、乡村利益保护者等角色。作为处于国家和社会交汇点的乡镇政府,其向下的职能和角色主要体现为两点:一是起到下情上达作用,即在同高层级的政府对接的时候能够将下层群众的诉求向上传达,保护好农民的利益;二是在工作中重点照顾农民的利益和诉求,对农民负责。然而,现实的行政体制却使乡镇政府的角色发生了变化,成为只对上负责的任务执行者。

其次,当前的县乡行政体制使乡镇政府的职能出现错位。中共十八届三中全会提出要全面正确履行政府职能,为乡村社会提供公共服务和公共产品以实现乡村社会的有序发展,是当前乡镇政府的主要职能,也是其作为基层政府的公共责任。然而,现实情况却是,多数乡镇政府志不在此,缺少为乡村社会提供公共服务的动力,其原因就在于:一是在当前体制下,乡镇政府需要承担较多来自上级政府的目标考核任务,只能调动一切力量去完成这些任务,因而无暇顾及乡村社会对公共服务和公共产品的需求,或者即使将提供公共服务提上政府工作日程,也因为疲于应付上级考核任务而没有精力提供优质的公共服务。除此之外,由于县乡两级政府在权力配置上的不对等导致乡镇政府事权扩大、财权缩小，因而使乡镇政府的职能发生转变，尤其是贫困地区的基础教育、社会保障、公共医疗、环境保护以及基础社会建设等公共服务项目由于财政困难而难以得到有效落实。二是在对乡镇政府进行考核的指标体系中，公共服务只占一部分甚至是很小一部分，其中的"硬指标"主要是经济指标和维稳指标，因此，不少乡镇政府的日常工作都是以 GDP 的增长和财政收入的增长为目标，稳定压倒一切，最终导致乡镇政府向乡村社会提供公共服务的积极性不够，而主要致力于生产考评性产品而非服务性产品，职能发生严重错位。"作为中国农村最基层的一级政府，其基本职能只是接受上级党政与各部门下达的指令与任务，协助各条条的工作，很少有权力、有精力根据本辖区的实际情况，独立制定社会经济发展计划，并切实有效地落实它。"[1]

最后，当前的县乡行政体制催生了乡村支配性关系。乡村治理机制主要强调的是乡村治理主体之间相互作用的关系，因此，乡村关系的协调与否就成为衡量乡村治理机制优劣的重要标准。从村民自治的运行机制来看，乡村关系失调已经成为影响村民自治运行的重要问题之一，究其原因，就在于乡镇政府通过将自身的考核任务"转嫁"给村庄，从而在实际上将村民委员会这一自治组织变成自己的附属行政机构，不但影响村民自治的运行，而且也制约着乡村治理机制的进一步完善。

二、农民主体意识不足

无论从理论还是从实践方面分析，占中国人口大多数的农民都应该是乡村治理重要的主体力量。乡村治理需要对乡村政治、经济、文化、社会等方方面面的问题进行综合处理，因此，需要整合国家力量和社会力量共同参与才能解决乡村公共问题，在这一过程中，农民的参与情况极大影响着乡村治理的绩效。从当前乡村治理实践来看，由于中国农民主体意识缺乏，乡村治理主体存在一定程度的缺位，乡村治理机制存在一定问题。

---

[1] 曹锦清：《黄河边的中国——一个学者对乡村社会的观察与思考》，上海文艺出版社 2000 年版，第 510—511 页。

第一,农民主体意识的内涵。随着社会主义市场经济的发展,人的发展及其主体性和能动性发挥的问题越来越受到人们的普遍关注。所谓主体意识是指"人对于自身的主体地位、主体能力和主体价值的一种自觉意识,是人之所以具有主观能动性的重要根据"[①]。主体意识的内涵非常丰富,包括人的自主意识、公民意识,又包括人的创新意识、人格意识等几方面,其中重要的内容是人的自主意识和自由意识。联系正在运行的乡村治理机制,农民的主体意识是农民对自身在客观世界改造中的地位、作用以及价值的认识。在乡村治理实践中,农民能否积极参与并发挥主观能动作用,在很大程度上取决于农民主体意识的发展情况。农民主体意识主要包括以下几类意识:一是农民的自主意识。自主意识是农民主体意识的核心内容,自主意识指人对自身在与外部环境的互动中居于主导和主动地位的基本认识,具有自主意识就表示人意识到自身作为主体是客观世界的改造者、社会关系的创建者,自主意识能激发作为主体的人动用全部力量去改造对象世界。具有自主意识的农民能够在日常生活中自主选择、自我决断并对自己负责,也就意味着在乡村治理实践中,农民能够摒弃对国家基层政权的"等、靠、要"心理,积极主动地参与到乡村治理各项活动中。二是农民的创新意识。所谓创新意识就是指作为乡村治理主体的农民对于外部世界的主动探索和积极反应,拥有创新意识就意味着农民能够打破封闭的思维方式,在独立思考的基础上谋求新的发展。具有创新意识的农民不会迷恋过去,敢于接受新思想,采用新技术。三是农民的公民意识。公民意识是农民对自身作为社会中平等、自由的一员所应具有的权利和责任的认识,具有公民意识的农民对自身在国家和社会中的政治地位有着清晰的认识,能够自觉履行法律规定的权利义务。

第二,当前农民主体意识薄弱或缺失的现状。中国农民占人口的大多数,农民问题解决得好坏与否成为中国现代化事业能否顺利推进的关键性因素。2006年,胡锦涛在省部级领导干部建设社会主义新农村专题研讨

---

① 谭德宇:《乡村治理中农民主体意识缺失的原因及其对策探讨》,《社会主义研究》2009年第3期。

班上讲话认为，广大农民群众主体作用的发挥，是决定社会主义新农村建设能否取得成功的关键。改革开放以来，虽然农民的主体意识日渐增强，但是，由于受到诸多因素的制约，农民作为社会主义新农村建设者的主体地位仍没有得到真正的确立，农民主体意识薄弱依然成为制约乡村治理机制良性运行的关键性因素。

首先，农民对权力、金钱和环境有着极强的依附心理。由于受传统的生产方式和生活方式的影响，中国农民具有封闭、保守和分散化的典型特征，长期的小农意识影响使中国农民群体内部存在着严重的"等、靠、要"心理，在他们的观念中，无论是乡村治理也好，还是乡村振兴也好，都应该是政府主导的，政府才是既搭台又唱戏的主角。作为典型的弱势群体，中国农民自古以来就对权力以及掌权者怀有敬畏之心，因为惹不起也碰不得，所以只能笑脸相迎，这种对权力的膜拜又催生了农民在现实中攀附权贵、寻求权力庇护的思想，甚至有人穷其一生精力与才智来谋取权力。随着市场经济的发展，农民又产生了对金钱的依附心理，将金钱视为衡量一切事物的标准，无利不起早。此外，农民的主体意识薄弱还体现在农民对环境的依附，凡事习惯随大溜，很少有自己的想法和见解。笔者在调研的时候也发现农民对权力和金钱较为看重，当笔者问到"您觉得村里最有权威的是什么人？"时，一半以上的人认为是村干部，近1/6的人认为是最有钱的人，可见农民对权、钱的依附心理已经根深蒂固。

其次，当前中国农民普遍缺乏民主权利意识。所谓权利意识指的是主体能自觉意识到自身享有的各项权利，包括生存、发展和自由等权利以及在政治生活中的选举权和被选举权等，它是"人们意识到现实生活中存在着不自由、不平等的现象与之斗争而产生的一种主体意识"[①]。当前中国农民由于缺乏民主权利意识，加之习惯了对权力的依附，因而难以正确行使自己的权利，可以说，在实际的政策运行中农民已经被边缘化为有序的顺民。

最后，当前中国农民缺乏民主参与意识。邓小平指出："旧中国留给

[①] 张建云：《试析主体意识的内涵》，《天中学刊》2002年第6期。

我们的，封建专制传统比较多，民主法制传统很少。"[①] 传统的忠孝观延伸到政治中就体现为下级对上级的绝对服从，中国农民很少有参与民主生活的习惯。徐勇等人对中国农民的政治认知与参与情况进行的调查结果显示，当前农民缺乏主动的参与意识，在被调查的人群中，有明显的政治参与意识并且能经常性地参与政治的农民数量很少。从总体上来说，农民参与的频率较低，大部分农民是被动参与，甚至部分农村基层还存在大量的政治冷漠现象。

第三，农民主体意识缺失对乡村治理机制运行的影响。一般来说，主体身份确立的标志就是主体意识的产生。由于缺乏主体意识，中国农民没有完全参与到乡村治理实践中，致使乡村治理机制的运行受到一定影响。

首先，农民主体意识的薄弱导致乡村治理主体一定程度上的缺位。乡村治理主体是指能够凭借各种资源参与到乡村治理活动中的组织、群体和个人，广大农民是应然的治理主体，这是农民作为国家主人应有的权利，同时也是经过了法律资格认定的。农民是乡村治理的主体，这意味着农民能够直接参与到乡村治理的每一个环节中，参与到对乡村公共问题解决方案的制定过程中，参与到对乡村公共服务的决策和质量评估过程中，农民的态度是衡量治理绩效的重要标准。然而，现实情况却是农民在乡村治理活动中部分缺位，由于受到主客观因素的影响和制约，部分农民成了乡村治理的"旁观者"，眼看着基层政府和乡村干部包办乡村事务。

其次，农民主体意识薄弱导致村民自治机制运行出现困境。村民自治的载体是包括村民委员会在内的村民自治组织，四个民主构成有机的整体，缺一不可。在村民自治机制运行的过程中，由于民主参与意识不足以及运用自身民主权利能力的局限，农民更多情况下只能是参与其中较为容易的民主选举，而对民主决策、民主管理和民主监督的参与则很少，这使得村民自治出现运行程序上的不平衡。此外，即便是对民主选举的参与，也因为缺乏基本的民主权利意识，导致部分农民没有认真对待选举，随意

---

① 《邓小平文选》第2卷，人民出版社1994年版，第332页。

填写选票甚至胡乱丢弃,更有甚者,有的农民被候选人"收买"从而投出违心的选票。农民的民主权利意识淡薄是导致村民委员会选举越来越形式化的主要原因,也是当前很多地方民主选举中存在大量的贿选、串联拉票等违法违规现象的重要原因。

最后,农民主体意识薄弱影响乡村治理绩效。一方面,由于在民主选举中农民没有认真对待自己的选举权,导致选出的村干部存在德行或能力上的不足,影响对乡村公共事务的处理;民主决策、民主管理和民主监督的缺失也使得村庄公共权力沦为村干部谋取私利的工具,使村民自治慢慢失去原有意义。另一方面,由于农民主体意识的缺乏,导致基层政府在提供公共服务的时候没有充分考虑农民的需求,其职能出现错位。

三、村民自治法制化水平有待提高

村民自治制度是中国农民的伟大创造,同时也是党和国家在农村发展基层民主、确保农民行使当家作主权利的重要举措。经过40多年的实践,村民自治制度得到了长足发展,初步形成了以宪法为根本、村民委员会组织法为基础、省级村民委员会组织法实施办法和村委会选举办法为主干、国务院和地方政府关于村民自治的规章为补充的村民自治法律体系。但是,这一法律体系目前还不是很完备,其内部的法律规定还有互相矛盾的地方,严重影响了村民自治机制的正常运行,随着新情况和新问题的不断涌现,村民自治的法治化进程必然受阻。

第一,村民自治立法上的不完善。村民自治的首次立法始于1982年宪法对村民委员会性质和职责等的规定,1987年,《村民委员会组织法(试行)》的通过标志着我国村民自治进入了法制化运行阶段,1998年,《村民委员会组织法》正式出台,此后,中共中央办公厅、国务院办公厅和民政部等部门机构相继制定了一系列具体的规范性文件,村民自治法治化进程进一步推进。2010年,《村民委员会组织法》重新修订,除完善了村民委员会成员的选举和罢免程序之外,对民主议事、民主管理以及民主监督等相关制度也进行了完善。通过对这些法律法规的比较分析我们不难发现,当前中国村民自治立法存在着立法不完善、法律规定不能保持恒定性以及存在法律漏洞等问题。

首先,村民自治立法上的不完善。伴随着村民自治的运行,我国村民自治立法也经历了从无到有、从不完善到逐渐完备的过程。但是,随着乡村治理实践的发展,村民自治立法中的不足也日益凸显,成为制约村民自治运行的重要因素。村民自治制度被称为"草根民主",其运行的法律依据是《宪法》和《村民委员会组织法》。作为一项重要的基层民主政治制度,村民自治的运行缺少一部如《村民自治法》或《村民自治组织法》等操作性强的专门法作为保障,这不能不说是立法上的较大缺憾。宪法是我国的根本大法,根本不可能对村民自治的运行作出具体规范,而将《村民委员会组织法》作为村民自治运行的法律依据,又存在立法的宗旨和立法的条文、名称在事实上的背离。《村民委员会组织法》用大量的法律条文规范村民委员会组织本身,虽然该法对民主决策、民主管理和民主监督也作了相关规定,但都过于笼统,内容也过于简单,这也直接造成了村民自治运行中重民主选举,轻民主决策、民主管理和民主监督的现状。此外,《宪法》中针对村民委员会性质和职责的规定也容易产生歧义,让人误认为村民委员会是我国一级行政机构。

其次,村民委员会的性质在不同的职能立法中不能保持恒定。村民委员会是基层群众性自治组织,肩负着多方面的重要职能。随着乡村社会的变迁以及村民自治制度的发展,对村民委员会职能的规范在法律制定和修订中的数量与日俱增。截至 2009 年 11 月,全国共有 69 个中央立法文件涉及村委会职能规定,其中全国人大及其常委会制定的宪法、法律、决定共 28 个,国务院法规及相关规范性文件 32 个,司法解释 2 个,部委规章 7 个。[①] 通过比较分析可以发现,在这些立法中,村民委员会的性质不能保持恒定。比如现行《宪法》第 111 条将村民委员会规定为基层群众性自治组织,《村民委员会组织法》中除了对村委会的基本职能作出具体规定,还特别规定"村民委员会协助乡、民族乡、镇的人民政府开展工作"。这

---

① 唐鸣等:《草根民主的法律规制——村民自治面临的新问题及法律制度建设》,中国社会科学出版社 2013 年版,第 265 页。

样看来，两部法律之间对村委会职能的规定就存在出入。此外，从中央到地方的各项职能立法所规定的需要村民委员会协助开展工作的部门远远超出乡镇政府的范围，甚至个别立法中对村委会职能的规定超出了村委会的履行能力。无论哪一种情况，都造就了在村民自治实际运行中村委会的全能者角色。

最后，村民自治立法中存在着法律漏洞。村民自治权是村民自治的核心问题，也是立法首先应该解决的重要问题。但是就当前我国村民自治立法现状而言，宪法和法律中对村民自治权的性质，即村民自治权到底是国家权力还是乡村公共权力没有明确规定，对行使自治权的主体、条件和内容也鲜少涉及，这在某种程度上造成了特殊情况下的无法可依现象。

第二，村民自治权法律保障的缺失。村民自治实行以来，中国实际上形成了"乡政村治"的治理格局，一方面是乡镇政府代表国家行使行政管理权，另一方面是农民群众直接行使自治权，而村民自治的本质恰恰是用社会自治权限制行政权，因此，加强对村民自治权的法律保障是村民自治法制建设的要旨。然而，村民自治实际的运行情况却是村民自治权受到了国家行政权、司法权以及来自其他社会主体的侵害。究其原因，主要来源于现行法律规范间的各行其是以及司法救济制度的缺失。

首先，村民自治运行中的关系失调来源于现有法律体系中规范的不协调。村民自治运行的困境之一就是"两委"关系的不和谐，从法律上讲，导致"两委"权力冲突的原因就在于，不同法律法规对村党支部和村民委员会职能规定的交叉和冲突。按照《村民委员会组织法》的相关规定，村党支部在村民自治中发挥领导核心作用，即领导和支持村民委员会行使职权以及支持和保障村民开展自治活动、行使民主权利。实践中，村党支部主要依据《中国共产党农村基层组织工作条例》（以下简称《条例》）开展各项工作，《条例》对村党支部的职能作出了明确具体的规定，这些规定与《村民委员会组织法》中对村民委员会职能的规定存在交叉，其结果是村民委员会依据《村民委员会组织法》行使对村庄各项事务的管理权，而村党支部根据《条例》强调其对农村各项工作的领导，因而必然导致村民委员会和村党支部对村庄事务管理权的争夺。此外，《村民委员会组织法》一方面规定村民会议、村民代表会议是村民自治的议事决策机构，凡涉及村民利益的事项经过村民会议讨论通过后方可办理，另一方面又规定村民会议由村民委员会召开，这就可能导致村民委员会出于对自身利益的保护而拒绝召开或延迟召开村民会议，使村民会议的决策功能大打折扣，甚至变成由村民委员会决策。

其次，村民自治权的法律保障不足源于司法救济制度的缺乏。当前我国法律体系中并没有明确建立起村民自治纠纷的司法救济制度，在《村民委员会组织法》的相关规定中，对实现村民自治权的司法救济措施仅提到一点，更多强调了行政救济途径，如《村民委员会组织法》第31条对村务公开不实的处理规定是可以向乡镇政府或县级政府及有关主管部门反映，第36条同样规定村委会没有按照法律规定履行法定义务的由乡镇政府责令改正。由于司法救济制度的缺失，导致乡镇政府非但不能很好地调查和解决纠纷，反而由于压力型行政体制的作用而将工作转向了完成上级政府下达的各种目标任务上，从而在实践中产生不同程度侵害村民合法权益的事情。

四、乡村社会组织发育缓慢

从乡村治理机制完善的角度来看，农村基层民主政治发展的重要前提是农村社会力量的增强，也就是说，要有相当数量且发展较好的乡村社会组织。中国乡村社会组织的发展一方面来源于农民群体组织化的内生需要，另一方面也要依靠行政力量的推动。大量调查事实表明，当前我国农村社会组织发展活力不足，存在数量少、规模小、效能低、参与不足等特点。乡村社会组织发育缓慢不但影响了乡村社会自我调节功能的实现，也影响到农村基层民主政治的发展。

第一，农村社会组织自身发展方面存在弱势。总体上来说，当前我国农村社会组织的发展水平比较低下，且多以村为基础、在镇的范围内组建并运行，整体自治能力较低。

首先，农村社会组织覆盖率低，发展规模小。2015年1月至3月，华中师范大学农村研究院的学者们抽取了全国25个省303个村庄的8054

位农民作为样本进行了实证调查,结果显示,在 299 个有效样本村庄中,共有社会组织 626 个,37.46% 的村庄没有成立社会组织,平均每村约 2.09 个,人均 9.30 个 / 万人,村均、人均占有量及整个农村的社会组织覆盖严重不足。此外,调查数据还显示,在调查的 626 个社会组织中,会员(或长期活跃人员)总人数为 11180 人,组均 17.86 人,农村社会组织整体规模偏小。①

其次,农村社会组织发展不均衡。这种发展不均衡主要体现在农村社会组织发展种类上的差别和村庄之间的差异性。华中师范大学农村研究院的调查数据显示,在调查的样本村庄中,各类组织所占比例是不均衡的,最多的是文娱组织,占 45.82%,其后分别是经济组织和民间社会组织,各占 29.43% 和 20.40%,文娱组织较民间社会组织数量要多出 25.42%。②笔者调查的村庄也存在同样情况,据村民反映,该村除了秧歌队,再没有其他类型的社会组织。此外,村庄之间的社会组织发展水平也存在较大差异,发达地区和经济基础比较好、农民收入水平比较高的村庄,社会组织发展形势也比较好,反之就会比较差。

第二,农村社会组织在运行上存在着效能低、行政依赖性强、运行不规范等问题。一是目前相当一部分农村社会组织发展面临着资源短缺、资金紧张的问题,缺乏专业技能和活跃人员,处在一种"空转"的状态。同时在农民自己创办的社会组织中,由于领导者和参与者素质、能力均不高,加之小农意识影响,农民参与者对个人私利的关注要多于组织整体利益,这都使得不少农村社会组织服务农民的能力较差。二是农村社会组织在运行中行政依赖性较强,极大影响了自治功能的发挥。当前中国农村社会组织中很大一部分是体制内生成的,是政府职能部门转化的结果。农村社会组织行政依赖性具体体现在:一方面,占很大比例的农村社会组织的发起者和负责人是乡镇政府、村庄"两委"及其干部。2005 年,中国

---

① 《"中国农村社会组织发展报告"主题发布会成功举行》,中国农村研究网,2015 年 11 月 24 日。
② 《"中国农村社会组织发展报告"主题发布会成功举行》,中国农村研究网,2015 年 11 月 24 日。

科学院农业政策研究中心对吉林、河北、陕西、四川、江苏和福建6省的58个镇、116个村的1949个农民的抽样调查显示,除两类宗教组织的发起人和负责人为自然形成以及普通村民外,其他各类社会组织绝大部分的发起人和负责人分别是乡镇政府和村"两委"、乡村干部,详见表4。另一方面,农村社会组织的行政依赖性还体现为这些组织在运行过程中受到政权组织的较多干预,政府意志成为组织开展活动的依据,农民的意愿和诉求得不到有效回应,这又直接或间接导致农民对社会组织的认可度低下,参与率也较低,自治功能得不到较好发挥。三是农村社会组织运行上存在不规范现象,表现在内部管理缺乏规章制度,活动随意性强,这也在一定程度上影响了农村社会组织对乡村社会的调节能力。

表4 中国农民组织的发起和管理(%)

组织类别	发起人					负责人			
	乡镇政府或"两委"	村民选举或商议	社团发起	自然形成	村企业	乡村干部	村内能人	普通村民	组织上层派人
红白理事会类组织	77	2	0	20	0	73	16	11	0
文体健康类协会	76	4	0	17	0	45	25	30	0
农民自教育类组织	90	2	0	2	0	85	8	8	0
寺庙类宗教组织	2	15	6	52	0	5	15	67	13
教会类宗教组织	2	8	6	65	0	0	7	88	5
农民技术协会	83	3	5	3	0	74	19	6	0
生产互助性组织	69	0	0	8	8	85	8	8	0
维权组织	94	3	3	0	0	97	0	0	3
民间纠纷调解组织	97	1	0	0	0	96	1	3	0
公共治安维护组织	96	0	0	1	0	93	4	3	0

续表

组织类别	发起人					负责人			
	乡镇政府或"两委"	村民选举或商议	社团发起	自然形成	村企业	乡村干部	村内能人	普通村民	组织上层派人
其他社会组织	77	8	0	0	8	58	33	0	8
所有组织平均	71	4	2	16	0	66	12	20	2

资料来源：刘永东、刘明兴、徐志刚等：《中国农民组织发展：治理结构与组织功能——基于6省调查的分析》，《经济社会体制比较》2008年第1期。

第五章

完善乡村治理机制的思路

进入 21 世纪以来，乡村政治中的深层次问题凸显，严重影响了乡村和谐社会的建设以及乡村社会现代化进程的顺利推进。究其原因，主要在于乡村治理机制的运行还存在一定的困境，因此，提升乡村治理的绩效，首先必须解决乡村治理机制运行中的各种矛盾和问题。2013 年至 2016 年的中共中央一号文件也都特别强调，要完善乡村治理机制，健全基层民主制度。因此，创新和完善乡村治理机制，探寻乡村社会由以达到治的方法便成为摆在我们面前的重要任务。

第一节　优化以农村基层党组织为核心的乡村治理机制

中共十八届五中全会明确提出要推进社会治理精细化，构建全民共建共享的社会治理格局。要在中国农村实现"共建"的社会治理过程和"共享"的社会治理目标，就要在农村基层党组织领导下，始终坚持农民的主体地位，尊重农民群众的首创精神，从以政府为单一主体的管理模式转向以政府为主导的多元主体协同治理，从单纯的行政管制转向主体间的良性互动，既要凸显农村基层党组织在乡村治理机制中的领导核心地位，又要优化多元共治的乡村治理结构，健全乡村治理机制运行的相关制度。

一、凸显农村基层党组织在乡村治理机制中的领导核心地位

农村基层党组织是党在农村执政的基础，处在群众工作的最前线，其自身建设关系到党执政基础的稳固与否。中国的乡村治理，需要借助政党下乡来实现对乡村社会的政治整合，因此，必须做好农村党建工作，扩大

农村基层党组织的影响力，夯实党在农村执政的基础。中共十八大以来，习近平针对农村基层党建工作多次作出重要指示，其核心思想就是，必须加强党对农村工作的领导，农村基层党组织的领导核心地位坚决不能动摇，战斗堡垒作用绝对不能削弱。完善乡村治理机制，必须坚持发挥党总揽全局、协调各方的领导核心作用。中共二十大明确提出："坚持大抓基层的鲜明导向，抓党建促乡村振兴，加强城市社区党建工作，推进以党建引领基层治理，持续整顿软弱涣散基层党组织，把基层党组织建设成为有效实现党的领导的坚强战斗堡垒。"①

第一，凸显农村基层党组织在乡村治理机制中的领导核心地位，就是要扩大农村基层党组织的覆盖范围，健全农村基层党组织体系。农村基层党组织是重要的乡村治理主体，其领导核心作用的发挥可以实现乡村社会的利益整合，从这个意义上说，健全农村基层党组织体系，将党的组织网络渗透到各类社会组织中，是完善乡村治理机制的题中应有之义。中共十八大明确提出，要全面落实党建工作，扩大党的组织覆盖和工作覆盖，以党的基层组织建设带动其他各类组织建设。2016 年中共中央一号文件也特别强调，要加强农村基层党组织建设，确保党的组织和党的工作全面覆盖、有效覆盖。加强和改善党对农村工作的领导，就要适时调整党组织的设置方式和覆盖率，增强其对乡村治理的渗透能力。

首先，扩大农村基层党组织的覆盖面。农村党组织覆盖面的扩大，既体现为在基层政权体系中党组织的建立，又体现为乡村社会组织中党组织的成立。一是在现有基础上，农村基层党组织可以根据乡村社会发展的实际需要，加强对各类社会组织的渗透，按照党的章程在已成立的行业协会、农民专业合作社等各类社会组织中成立党的基层组织，以社会组织为依托开展各项工作，实现党的基层组织广泛覆盖到各行业、各领域的各个环节，以党组织建设推动社会组织发展。二是加强对流动党员的管理，实行城乡联合、村企联合，建立适应城乡统筹发展需求的流动党组织，确立

---

① 习近平：《高举中国特色社会主义伟大旗帜 为全面建设社会主义现代化国家而团结奋斗——在中国共产党第二十次全国代表大会上的报告》，《人民日报》2022 年 10 月 17 日。

流出地和流入地双向互动并共同负责的党员管理体制。扩大农村基层党组织的覆盖面，既可以加强党对乡村社会各类组织和各项工作的领导，增强各社会团体、组织的政治功能，又可以规范乡村社会组织的运行，使之更好地发挥调节功能，从而推动乡村治理机制的进一步完善。

其次，要确保党的基层组织能顺利运转。农村基层党组织网络体系的建设仅仅为执政能力的提升提供了组织基础，成立的基层党组织能真正运转起来才是领导核心作用发挥的前提。党对乡村社会的全面覆盖不但指空间上的全覆盖，更是指将党的影响力散布到乡村社会的每一个角落，而要做到这一点，必须使成立的基层党组织能切实运转起来。当然，在农村基层党组织运转的过程中要处理好党组织同其他组织的关系。一是农村基层党组织领导核心作用的发挥，不是通过干扰其他组织的正常功能来实现的，更不是通过党组织指令的强行介入来实现的，农村基层党组织对乡村社会的整合不是强制整合，而是通过将广大党员融入乡村社区建设过程中实现的。二是要实现农村基层党组织同社会组织的"共振效应"，也就是社会组织可以按照其自身的逻辑和规律自主地发展。

第二，凸显农村基层党组织在乡村治理机制中的领导核心地位，还要加强农村基层服务型党组织建设。乡村治理机制的完善，需要发挥农村基层党组织利益整合功能，扩大党的组织覆盖和工作覆盖虽然在一定程度上壮大了乡村治理机制中农村基层党组织这一治理主体的整体力量，但是，只有提升农村基层党组织的治理能力，才能更好地发挥其在乡村治理中的领导核心作用，因此，必须加强农村基层服务型党组织建设。2014年5月，中共中央办公厅印发的《关于加强基层服务型党组织建设的意见》提出："建设基层服务型党组织，要以服务群众、做群众工作为主要任务，以改革创新为动力，以群众满意为根本标准，坚持服务改革、服务发展、服务民生、服务群众、服务党员。"[①]加强农村基层服务型党组织建设，就是要培育农村基层党组织的服务意识、优化农村基层党组织的服务内容、提升农村基层党组织的服务能力，实现"六有"目标。

---

① 《中办印发〈意见〉要求加强基层服务型党组织建设》，《人民日报》2014年5月29日。

首先,培育农村基层党组织的服务意识。中国共产党是马克思主义政党,全心全意为人民服务是其根本宗旨,从这个角度来说,任何一级党组织都应该是服务型的党组织,不能提供有效服务的基层党组织会缺乏应有的生命力和影响力,从而失去其存在的价值。近年来,由于市场经济中一些负面因素的影响,加上中国社会正处于转型期,党的建设面临前所未有的挑战,出现一些亟待解决的问题。这些问题的出现不但严重影响党为人民服务的能力,更破坏了党在人民群众心目中的印象,究其根本原因,在于部分党员干部丢弃了为人民服务的根本宗旨。要培育农村基层党组织的服务意识,就要转变原有的管控思维,从"立党为公、执政为民"的角度来理解农村基层服务型党组织建设。《现代汉语词典》对"服务"的解释是"为集体(或别人)利益或为某种事业而工作",由此看来,农村基层党组织要树立的服务意识就应该是将自身作为为人民利益、为中国特色社会主义事业而工作的工具,而不是管控群众的工具。培育农村基层党组织的服务意识,不但要转变思维,树立正确的政绩观,把实现最广大人民群众的根本利益作为最突出政绩,还要科学定位新时期农村基层党组织的功能,即农村基层党组织不仅仅是战斗堡垒,更是"服务枢纽"。

其次,优化农村基层党组织的服务内容。建设农村基层服务型党组织,必须要明确为谁服务以及服务什么、怎样服务的问题。党的宗旨是全心全意为人民服务,这就决定农村基层服务型党组织的服务对象是广大人民群众,只有以满足广大人民群众需要为前提,想群众之所想、急群众之所急,才能不断优化服务内容。这就要求农村基层党组织及其成员不但要继续践行党的群众路线,深入了解群众疾苦,关心民生大计,踏踏实实把民生问题解决好,不搞所谓的形象工程或政绩工程,更要将具体的服务内容同村民自治结合起来,培养农民的主体意识,动员、引导农民参与乡村治理,以民主协商的方式与其他乡村治理主体互动,创建和谐的乡村环境,有针对性地开展多层次的服务。

最后,提升农村基层党组织的服务能力。农村基层服务型党组织建设不能只停留在文件中和口头上,更要在实践中予以落实。提升农村基层党组织的服务能力,必须加强制度建设和党员队伍建设。一是要加强党员队伍建设，农村基层党组织活动的基本单元是一个一个的党员，其运转的有效性最终要靠党员的具体工作来体现。农村基层党组织服务能力的提升就是要通过党员融入社区建设，通过党员的先锋模范作用来教育、引导、动员和组织农民合作，参与乡村治理实践。因此，不但要加强对农民党员的吸纳，吸收各类乡村精英成为党员并发挥其在乡村治理中的带动作用，同时还要切实加强对农民党员的先进性教育，增强农民党员的战斗力。二是要完善农村基层党组织服务群众的制度安排，比如：建立信息收集制度，深入了解农民群众的多层次需求，并详细登记备案，以便有关部门及时处理；建立首问负责制和民事督促办理机制，增强服务意识，提升服务的水平和效率；拓宽并畅通群众利益诉求渠道，及时解决群众反映的各种问题，维护群众的基本权益；等等。

二、完善党领导下多元共治的乡村治理结构

2016年中共中央一号文件提出，要创新和完善乡村治理机制，"深化农村社区建设试点工作，完善多元共治的农村社区治理结构"[①]。当前，影响乡村治理机制完善的主要原因在于基层的政权力量与社会力量不成比例，乡镇政府保持着强大的对乡村社会的介入能力，而社会组织尚处在弱小的成长状态，农民更是没有改变对国家共同体的依附，因此，需要优化乡村治理主体之间的关系，形成有利于乡村治理机制完善的多元共治的乡村治理结构。"多元"就是要努力培育乡村治理多元主体力量，在凸显农村基层党组织的领导核心地位基础上，注重发挥乡镇政府的主导功能，同时充分调动公众对乡村治理的参与，发挥社会力量的协同作用。"共治"从根本上来说，就是注重治理主体的参与，在乡村治理机制运行的实践中实现乡村治理主体间的良性互动。多元共治并不意味着要弱化党组织的领导地位，农村基层党组织依然要对乡村社会各项工作发挥全面领导作用，总揽全局，协调各方利益。

第一，要实现乡村治理主体的多元化。乡村治理需要解决的问题的多

[①] 《十八大以来重要文献选编》（下），中央文献出版社2018年版，第122页。

样性和复杂性决定了任何一种治理主体都没有办法单独完成治理任务，必须在与其他主体良性互动的过程中找到利益的契合点，实现对乡村社会的共同治理，并最终实现乡村善治的目标。作为国家政权体系的基础，乡镇政府是重要的治理主体，原因在于当前乡村社会各种矛盾凸显，如果处理不好将会影响整个乡村社会的稳定发展，因而，需要一个掌握大量资源、拥有绝对权力并能支配其他子系统的组织来推动乡村社会有序发展，乡镇政府因其所处的特殊位置责无旁贷地要承担起这一职责。乡镇政府在乡村治理中发挥主导作用，不但体现为乡镇政府基本职能的履行，还体现为乡镇政府通过资源的有效配置对乡村经济社会发展起引导作用。当前中国的乡村治理要以乡镇政府权力的存在作为依托。村民在村民自治中发挥重要的主体作用，村民自治制度是村民以村庄自治组织为载体行使自治权，因而，村民的参与对基层民主制度的发展起到重要的推动作用。但是，单个的、原子化的农民是弱势的，必须要通过农民的组织化来确保农民成为乡村治理的主体。乡村社会组织不但可以通过整合农民分散的资源来促成农民合作，还可以向乡镇政府反映农民的利益诉求，推动政府决策的合理化和科学化，从而成为农民利益的代言人。社会组织是乡村社会自我调节的重要主体力量，能够规范社会行为、调节利益关系，并能辅助乡镇政府提供部分公共服务、解决公共问题。

　　第二，实现多元主体间的良性互动。完善乡村治理机制，必须要对乡村治理主体间的关系进行不断调整，实现多元治理主体间的良性互动。从这个角度来说，乡镇政府要以职能转变和机构改革为契机，实现从全能型政府向有限主导型政府的转变，提高自身的公共性和服务度，增强权力行使过程中的科学性和透明度，正确厘定同村民自治组织的指导与被指导关系，专注于公共责任的实现。同时还要营造良好的环境条件，充分发挥社会组织和农民两方面积极性，实现社会力量的协同治理。各类乡村社会组织也要在促进乡村社会资本积累和社会发育方面发挥重要作用，形成特定的行为规范和利益调节的渠道，既能将农民组织起来参与乡村治理，又能在公共服务提供方面形成对乡镇政府有益的补充。

　　首先，实现乡镇政府和农民的良性互动。马克思主义认为，人民群众是社会财富的创造者，也是社会变革的推动者。因此，占中国人口多数的农民必然要在乡村治理中发挥重要的主体性作用，乡镇政府同农民良性互动关系的确立是乡村治理机制进一步完善和良性运行的重要前提。一是乡镇政府在履行职能的过程中必须要尊重农民的意愿，维护好农民的权益，即乡镇政府在引导村民自治的过程中，要进行"自我革命"，通过下放权力、转变职能、改变管理方式等实现其权威的重塑，同时在提供公共服务的过程中以满足农民的各种利益诉求为首要目标，这就要求完善乡镇政府治理机制，建立健全议事协商制度，营造有利于农民参与的政治环境。二是作为重要治理主体的农民应该增强其主体意识，积极参与到乡村治理实践过程中，并形成对乡镇政府权力运行的有效监督，正确行使自身的民主权利。在这一过程中，乡村社会组织成为重要的互动媒介。此外，人民代表大会制度是我国根本的政治制度，可以成为二者有效衔接的着力点，即将乡镇政府的行政权力和行政行为置于人大代表的监督之下，增强其民意和法意基础，同时还可以通过从村民代表中选出的人大代表功能的发挥，来保证农民自治权利的有效行使。

其次，实现乡镇政府和乡村社会组织的良性互动。乡村社会组织的发展能够协助乡镇政府承担某些职能，因此，乡镇政府要转变当前一元的行政控制模式，采取多种形式吸引社会力量参与到乡村治理过程中，通过向乡村社会组织购买公共服务给予其一定的发展空间，使乡村社会组织在公共服务提供、社会秩序维护等方面发挥重要作用。当然，乡村社会组织的发展离不开乡镇政府的支持，乡镇政府要监督和规范乡村社会组织的发展，健全社会组织的法律法规，形成良好的制度环境。要搭建乡镇政府和社会组织沟通的平台，确保二者能够资源共享，还要建立推动双方互动合作的对话机制，协调彼此的利益冲突，真正实现乡镇政府和乡村社会组织的良性互动。

三、健全乡村治理机制运行的相关制度

市场经济的发展使人们的功利观念得到张扬，在乡村治理机制运行的过程中，每个人都想要追求自身利益的最大化，在这种情况下，依靠乡

治理主体的自律调节并不能很好地维持彼此间的合作，甚至会产生离心倾向，妨碍乡村治理目标的达成，因此，必须要靠刚性的制度来对治理主体行为进行约束和规范。面对当前乡村治理制度失效和供给不足的现状，既要消除乡村社会现代化进程中的体制性障碍因素，同时也要健全有利于乡村治理机制运行的相关制度。

第一，完善对乡镇政府权力行使的制约和监督制度。完善乡村治理机制，需要我们在制度设计过程中，注重对乡镇政府权力行使的制约和监督，健全监督体系，优化监督制度。用制度对乡镇政府权力实施监督，必须要有一整套健全的监督体系。一是要优化体制内监督。体制内监督主要指国家政权机关内部的自上而下的纵向监督或者同级政权部门之间的横向监督。优化体制内监督一方面要理顺乡镇政府同乡镇人大和乡镇党委的关系，既要推进乡镇人大监督的法律程序建设，增强乡镇人大的监督功能，又要发挥乡镇党委对乡镇政府的监督作用；另一方面还要完善政府内部监督，加强对政府内部公务人员的监督，也就是要加强乡镇政府权力运行的民主化建设，推动实行行政民主。二是要强化社会监督，构建公众舆论监督、农民个体监督和乡村社会组织监督三位一体的社会监督体系，给予社会力量充分的行政监督权力，实现社会监督制度化。

第二，推进乡村协商民主的制度化。乡村善治的目标就是要打破乡镇政府在公共事务处理中的一元控制模式，实行多元共治的乡村治理机制，其中，重要的一条路径就是推行乡村协商民主，通过公民的广泛参与来应对社会多元化现实。中共二十大明确指出协商民主是实践全过程人民民主的重要形式，强调要"完善协商民主体系，统筹推进政党协商、人大协商、政府协商、政协协商、人民团体协商、基层协商以及社会组织协商，健全各种制度化协商平台，推进协商民主广泛多层制度化发展"[①]。乡村协商民主在许多地区的乡村治理实践中得以尝试，并取得一定成效，比较有代表性的如浙江温岭的民主恳谈会、宁海县某镇的"村务评说会"以及广

---

① 习近平：《高举中国特色社会主义伟大旗帜 为全面建设社会主义现代化国家而团结奋斗——在中国共产党第二十次全国代表大会上的报告》，《人民日报》2022年10月17日。

东梅州的蕉岭模式、吉林辉南的"民主议事制度"等。但是，就当前我国乡村协商民主发展的现状而言，规范性制度滞后仍是制约其进一步发展的瓶颈，主要表现在：与轰轰烈烈的实践形式相比，多地乡村的协商民主制度仍没有落实，由于缺乏明确的法律定位，乡村协商民主的实践效果受到较大影响。中共十八大报告仅就"健全社会主义协商民主制度""完善协商民主制度和工作机制，推进协商民主广泛、多层、制度化发展"作了原则性规定，缺乏协商民主运行程序和细节的具体阐释。因此，为了实现广大村民的有序参与，减少或阻隔社会不平等对协商民主实践的影响，就要进一步推进乡村协商民主的制度化，以制度的健全保证协商民主政治价值和民主效能的充分发挥。可以借助中国乡村现有的制度资源，将协商民主在各地乡村治理实践中的创新形式"纳入国家权力结构体系，实现协商民主从体制边缘到制度中心的空间拓展"[①]。

第三，增加对农民公民权利的制度保障。完善乡村治理机制的关键问题在于保障农民的公民权利的实现，只有从制度上保障农民的公民权利，才能实现乡村治理机制的良性运行以及乡村治理的民主化、法治化。从当前乡村治理实践来看，公民权利保障的缺失是导致乡村治理机制存在困境的重要原因，不完全的公民权利很难推动多元主体参与乡村治理。因此，要推进乡村治理现代化，首先要从制度上保障农民的政治、经济和社会等各项权利。此外，吸引农民这一庞大群体进入乡村政治生活是乡村治理制度建设的关键问题，为此，还要健全政治参与制度，激发农民的政治参与热情，确保农民主体地位的实现。

第二节　完善乡镇政府治理的关键问题

乡镇政府治理是乡村治理机制运行过程中非常重要的一环，其能否实现与村民自治和乡村社会自我调节的有效衔接和良性互动，直接影响着乡村治理机制的运行功效。乡镇政府治理是乡镇政府履行职能的过程，是同

[①] 吴兴智：《协商民主与中国乡村治理》，《湖北社会科学》2010年第10期。

其他治理主体互动的过程，乡村社会公共问题的解决在很大程度上取决于乡镇政府治理的效能。当前乡镇政府在治理过程中出现的职能错位、治理能力低下以及制度异化等问题严重影响了乡镇政府的治理效能。因此，完善乡村治理机制首先就要完善乡镇政府治理，实现乡镇政府治理的良性运行。

一、推进乡镇政府治理能力现代化

乡镇政府是乡村治理的重要主体之一，乡镇政府的治理效能直接影响乡村治理机制运行的效果，而乡镇政府治理的效能又在很大程度上取决于乡镇政府的治理能力，因此，推进乡镇政府治理能力的现代化是国家治理能力现代化的题中应有之义。推进乡镇政府治理能力现代化，不但要转变乡镇政府职能，推进服务型乡镇政府建设，还要增强乡镇政府的施政能力。

第一，完善乡镇政府治理，推进乡镇政府治理能力现代化，首先要积极转变乡镇政府职能。乡镇政府在治理过程中出现职能上"越位""缺位"和"错位"的问题，原因在于其职能定位模糊以及履行过程中多种因素的影响和干预。虽然《宪法》和《地方组织法》对乡镇政府的职能作出了明确规定，但是，在实际履行的过程中，仍然出现乡镇政府主要围绕GDP增长和维稳目标开展工作、履行职能，忽略了对乡村社会公共服务和公共产品的供给，因此，必须要积极转变乡镇政府职能。

首先，明确乡镇政府的职能定位。定位乡镇政府职能，就是要确定乡镇政府"应该做什么"。2009年，中共中央办公厅、国务院办公厅印发了《中央机构编制委员会办公室关于深化乡镇机构改革的指导意见》，强调乡镇政府的主要职能包括四个方面：一是促进经济发展、增加农民收入；二是强化公共服务、着力改善民生；三是加强社会管理、维护农村稳定；四是推进基层民主、促进农村和谐。合理定位乡镇政府职能，不但要借鉴国外政府的成功经验，更要考虑到中国乡村社会非均衡发展的特性，确定适合本地区经济社会发展实际的、能满足本地区居民及企业和社会组织需求的关键职能。

其次，从职能内容上看，当前乡镇政府要转向以社会管理和公共服务职能为主，弱化其行政管制的职能。中共十八届三中全会提出要"加强地方政府公共服务、市场监管、社会管理、环境保护等职责"，中共十八届五中全会更提出要增加公共服务供给，"坚持普惠性、保基本、均等化、可持续方向，从解决人民最关心最直接最现实的利益问题入手，增强政府职责，提高公共服务共建能力和共享水平"[①]。中共二十大报告也强调继续推动政府职能转变，要在前期改革的基础上，进一步完善经济调节、市场监管、社会管理、公共服务、生态环境保护等职能。可见，以民生为导向的公共服务职能是今后乡镇政府履行职责的重点所在。从一般的意义上说，政府职能主要包括统治、管理和服务三个方面，不同层级的政府应该履行的主要职能是不同的，按照国际惯例来看，基层政府主要以服务职能为主。乡镇政府处于国家政权结构的最底层，是社会主义新农村建设的主要组织者和实施者，对乡村社会的基本情况和利益需求最为了解，因此，为了满足农民生产和生活方面的各种需要，回应农民的民生诉求，乡镇政府需要向农民提供具有非竞争性和非排他性特点的公共服务和公共产品。当然，乡镇政府也应该根据本地区经济发展情况在履行的职能上有所侧重，比如在经济不发达或欠发达地区，乡镇政府不但要强调公共服务职能，更要侧重对本地经济发展的推动，而在工商业、城镇化水平比较高的发达地区，乡镇政府更需要履行环境保护、市场监管、民生事业等方面的职能。此外，从乡镇政府提供的公共服务内容上来看，乡镇政府应该向乡村社会提供基本的公共服务，即侧重于个人、组织不愿意或没有能力提供的项目，其他的可以通过社会化或市场化的方式运作。

第二，完善乡镇政府治理，推进乡镇政府治理能力现代化，需要建设服务型乡镇政府。从当前乡村治理实践来看，乡镇政府公共服务职能发挥不足，影响到乡镇政府同农民的关系，降低了乡镇政府在农民心中的公信力，并最终弱化了乡镇政府的治理效能。中共十八大强调要深化行政体制

---

① 《十八大以来重要文献选编》（中），中央文献出版社2016年版，第811—812页。

改革,"建设职能科学、结构优化、廉洁高效、人民满意的服务型政府"①。乡镇政府位于政权体系的末端,是联结国家力量和乡村社会的中介,对维护乡村社会秩序、促进乡村社会发展起着十分重要的作用。因而,建设服务型乡镇政府的意义重大。

首先,服务型乡镇政府的特点。所谓服务型政府就是在公民本位和社会本位的理念指导下,在全社会民主秩序的框架内,通过法定程序,按照公民的意志组建起来的、以为公民服务为宗旨并承担服务责任的政府。服务型乡镇政府就是以农民为本位,以为乡村社会提供基本公共服务为核心职能,以直接服务为职能履行方式的政府模式,其主要特征包括以下几方面:一是服务型乡镇政府应该是以农民为本位的政府。也就是说,乡镇政府提供什么样的公共服务应该是由农民的利益需求决定的。要做到以农民为本位,就需要乡镇政府推行民主行政,让农民参与公共政策的决策、执行和监督各个环节,乡镇政府提供必要的法律、技术等方面的保障和支持。二是服务型乡镇政府应该是以服务为宗旨的政府,这是由乡镇政府的内涵所决定的。取消农业税以前的乡镇政府是全能政府,其权力几乎延伸到乡村社会的每一个角落,农民的生产生活甚至生老病死等都纳入基层政府管辖的范围内。取消农业税后,基于新农村建设的需要,乡镇政府的职能转向公共服务的提供上,因此,其履行职能的方式也应该从管治转向服务。强调以服务为宗旨,意味着乡镇政府与农民的关系转化成服务供给者和服务消费者的关系,乡镇政府行使权力的目的不是管治,而是服务,乡镇政府的公务人员应该扮演好"服务者""社会公仆"的角色。三是服务型乡镇政府应该是法治政府。法治政府是指依法行使权力,并接受法律约束和监督的政府。《中共中央关于全面推进依法治国若干重大问题的决定》明确提出,要"坚持法治国家、法治政府、法治社会一体建设,实现科学立法、严格执法、公正司法、全民守法,促进国家治理体系和治理能力现代化"②。为保障农民基本权利,就要依法行政,用法律规制乡镇政府的

---

① 《十八大以来重要文献选编》(上),中央文献出版社 2014 年版,第 22 页。
② 《十八大以来重要文献选编》(中),中央文献出版社 2016 年版,第 157 页。

私利。法治化的乡镇政府意味着乡镇政府权力的行使要受到法律法规的约束，其行为要限制在宪法和法律允许的范围内；法治化的乡镇政府意味着法律面前人人平等，即使是掌握乡村公共权力的政府，也应该对侵害农民利益的行为承担赔偿责任。

其次，建设服务型乡镇政府的思路。建设服务型乡镇政府是一项复杂的工程，并非一朝一夕就能完成，既需要顶层的设计，又需要基层因地制宜的实践，既要有足够的制度供给作为保障，又要调动社会力量积极参与。一是建设服务型乡镇政府需要实现三个"转向"，即从"管治"转向"服务"，从"划桨"转向"掌舵"，从"全能政府"转向"有限主导"。乡镇政府要转变过去大包大揽的管理模式，转向以承担公共责任为主，在履行公共服务职能的时候，乡镇政府主要承担两方面任务，即用于指导具体行动的共同准则的制定以及大方向的确定，其他技术领域的任务交给社会组织或市场，乡镇政府应该从全能型转向有限主导型。总的来说，就是要凸显乡镇政府的服务职能，重点关注民生问题的解决，着力提升服务的攻坚能力和共享水平。二是建设服务型乡镇政府，还要求乡镇政府具有眼光向下的"生存性智慧"，本着执政为民的理念，走向田野，针对所辖村庄的发展动态和涉及农民生产生活的方方面面做出实地调查。三是建设服务型乡镇政府还要建立相应的乡镇财政体制。乡镇政府履行职能需要有一个基本的条件，那就是要有足够的财政支持作为保障，以维持乡镇政府基本的运转。然而，随着分税制改革的实行，国家把财权上移、事权下放，尤其是税费改革之后，乡镇政府财政空壳化趋势加剧，极大地影响了乡镇政府职能的履行。因此，建设服务型乡镇政府就要具备乡镇一级财政，即建立规范的乡镇财政收入机制和财政支出机制，既能确保乡镇政府有钱做事，又能确保乡镇政府的财政收入主要用来给乡村社会提供基本公共服务。

第三，完善乡镇政府治理，推进乡镇政府治理能力现代化，还要增强乡镇政府的施政能力。乡镇政府的治理能力就是指乡镇政府运用现有制度来处理乡村社会各项事务的能力，主要包括乡镇政府自身的能力以及在乡村治理过程中乡镇政府与社会力量合作互动的能力。乡镇政府治理过程中出现的政策执行力和公信力下降以及某些权力被虚置的现象严重降低了乡镇政府的治理能力，制约了乡镇政府的治理绩效，并进而影响乡村治理机制的良性运行。推进乡镇政府治理能力现代化，必须要增强乡镇政府的施政能力。

首先，搭建"一站式"服务平台，提升乡镇政府的服务能力。服务型乡镇政府的基本特征是以提供基本公共服务为核心职能、以服务为根本宗旨的法治的政府、有限的政府。为了实现向服务型乡镇政府转变，为乡村社会提供更加优质的公共服务，乡镇政府可以尝试搭建"一站式"管理和服务平台，有效整合乡镇行政资源，实现乡镇基本公共服务向农村下沉。一是成立便民服务窗口，并将与农民切身利益密切相关的服务和事项"打包"，集中到窗口统一办理；二是服务窗口要简化事务办理流程，提高乡镇政府服务的效率；三是将乡镇政府服务平台向农村社区延伸，成立"农村社区服务中心"，确保农民享受便捷的优质公共服务。

其次，实现多元主体的协同治理，即调动多元社会力量参与到乡镇政府治理过程中。西方发达国家完善政府治理的方式是"实行参与式治理和强化对公共权力运行过程的规则和程序约束"[①]，为确保不同主体在治理过程中能形成合力，乡镇政府要注意使自身的治理方式向协商方向转变，引导农民参与到乡村公共事务的决策、执行和监督的过程中。在同社会力量进行协同治理的过程中，乡镇政府要积极发挥乡村社会各类组织的协同作用，提升乡村社会的自治能力。

最后，加强乡镇政府干部队伍建设。2013年，习近平在全国组织工作会议上讲话指出，"实现党的十八大确定的各项目标任务，关键在党，关键在人"，"关键在人，就要建设一支宏大的高素质干部队伍"。[②] 2014年9月，中共中央办公厅印发了《关于加强乡镇干部队伍建设的若干意见》，强调要认真贯彻中央相关精神，下大力气建设一支"数量充足、结构合理、素质优良、作风扎实、精干高效、适应农村工作需要的乡镇干部队

---

① 何增科：《政府治理现代化与政府治理改革》，《行政科学论坛》2014年第2期。
② 《习近平谈治国理政》，外文出版社2014年版，第411页。

伍"[①]。从一定意义上来说，乡镇政府的公务人员是乡村各项政策直接的执行者和落实者，是乡镇政府开展各项具体工作的骨干力量，乡镇公务员的素质和能力直接影响乡镇政府的治理能力和乡村治理机制的运行。要推进乡镇政府治理能力现代化，就必须加强乡镇政府干部队伍建设。一是要完善乡镇干部管理机制，用制度选人、管人、律人，不但要引入竞争机制，建立严格的选人制度，严把质量关，吸收各领域内的优秀人才进入公务员队伍，还要完善公务人员激励机制，建立科学的考核评价以及奖惩机制，使公务人员始终保持一种良好的工作状态，更要完善党的监督、政府内部监督、人民群众监督、社会舆论监督相结合的监督体系，保证公务人员能时刻自省，把为人民服务作为一切工作的出发点。二是要优化乡镇干部队伍结构。当前乡镇公务人员的年龄结构、学历结构、专业结构都存在一定的局限，影响到乡镇政府具体工作的开展，更制约着乡镇政府治理能力的进一步提升，因此，需要拓宽乡镇公务人员的引入渠道，通过公开招聘企事业单位的优秀员工、优秀大学生村官进入乡镇政府，从而优化乡镇干部队伍结构，提升公务人员整体素质和工作能力。三是要加强对乡镇干部队伍的教育和培训。习近平认为，好干部不是自然生成的，除了靠自身努力，更需要组织的培养。要按照《公务员法》和《干部教育条例》的要求，加强对乡镇干部队伍的教育和培训，既要加强乡镇公务人员尤其是共产党员的先进性教育，增强公务人员的思想觉悟和道德水平，又要加强对乡镇公务人员的职业培训，增强其履行职务的能力。

二、优化乡镇政府治理结构

乡镇政府治理结构是乡镇政府治理运行的载体，其优劣程度直接影响乡镇政府治理效能的高低，并最终影响乡村治理机制的运行。从总体上说，当前乡村治理机制运行不良、乡镇政府治理效能不高等问题都可以从乡镇政府治理结构中找到原因。乡镇政府治理结构是在乡镇政府治理运行

---

① 《中共中央办公厅印发〈关于加强乡镇干部队伍建设的若干意见〉》，《人民日报》2014年9月26日。

的过程中，围绕乡镇政府形成的一整套组织领导、机构设置及权力配置等体系，在当前中国乡村治理实践中主要体现为乡镇政府同县级政府之间以及乡镇政府同其他乡镇组织和职能部门之间的关系结构和相应的权力结构。完善乡村治理机制，完善乡镇政府治理，必须进一步优化乡镇政府治理结构，重新理顺县乡之间的关系以及乡镇政府同其他乡镇组织和职能部门之间的关系。

第一，优化乡镇政府治理结构，需要重新理顺乡镇政府同县级人民政府的关系。当前我国县乡两级政府之间的行政管理体制是一种受支配性权力影响的体制，其突出表现是作为上级的县政府对乡镇政府具有相当的领导地位，这种单向连接模式从一开始就决定了县乡关系的不平衡，来自上级政府的硬性指标压力严重影响了乡镇政府对其相关职能的履行情况，不仅导致乡镇政府治理能力的弱化，更阻碍乡村治理机制的良性运行。因此，要完善乡村治理机制，优化乡镇政府治理结构，就需要理顺县乡两级政府间的关系。

首先，按照法治原则理顺县乡关系。理顺县乡关系就是要改变当前这种县政府对乡镇政府的单向支配控制关系，发挥乡镇政府在乡村治理中的主导作用。受县政府支配性权力影响，乡镇政府几乎失去了其作为一级政府的独立地位和行政自主性，完成县政府分派下来的各项目标任务、执行县政府的命令成为乡镇政府履行的大部分职能内容，究其原因，还在于县乡两级政府间关系的界定模糊，缺乏明确的法律界限。因此，必须按照法治原则重新建构县乡关系，从法律上明确界定县乡政府的职责权限，并用健全的制度予以保障，以防止县政府对这种权责关系的随意破坏。

其次，合理配置县乡行政权力，激发乡镇政府活力。乡镇政府治理能力的高低同其行政权力的大小是成正比的，由于县政府对乡镇政府的授权不足，加上条块分割管理，乡镇政府实际上陷入责任大、权力小的尴尬境地。因此，需要对县乡权力进行重新配置，适度下放县级政府权力，使乡镇政府在治理过程中能拥有相当的裁量权和处置权。乡镇政府权责不平衡问题影响到乡镇政府的治理效能，要改变当前乡镇政府"责大权小"的困境，就需要加大县政府对乡镇政府的授权，比如县政府及其职能部门可以将其法定权限内的部分权力委托给乡镇政府，以提高乡镇政府的行政效率。

最后，合理分配县乡政府的财权和事权。在当前支配性政府间体制下，县级政府的目标任务被分解细化为更加具体的考核指标，并指派给其下级的乡镇政府，使得乡镇政府的责任被无限放大，形成"上面千条线，下边一根针"的情景，而与此相反的却是，在当前县乡财政包干体制下，乡镇财政的收入和支出由县级政府确定，也因此面临巨大的财政压力。乡镇政府财权和事权的不匹配是当前乡镇政府治理中乡镇政府职能错位的重要原因，影响了乡镇政府治理能力现代化的进一步推进，因此，必须要合理配置县乡政府的财权和事权，一是要科学界定县政府和乡镇政府的事权边界，避免上级政府向乡镇政府转移事权；二是要适当扩大乡镇政府的财权，增强乡镇政府全面履行职能的能力。

第二，优化乡镇政府治理结构，需要理顺乡镇政府同其他乡镇组织和职能部门之间的关系。作为重要主体的乡镇政府，必然要在履行职能的过程中同其他乡镇组织或职能部门发生各种关系，这种关系的协调与否直接影响乡镇政府治理的效能，并最终影响乡村治理机制的运行。当前乡镇政府治理的实践表明，乡镇政府同乡镇党委、乡镇人民代表大会及"七站八所"[①]等职能部门的关系存在一定程度的不协调，因此，需要理顺乡镇政府同其他乡镇组织、部门的关系。

首先，需要进一步理顺乡镇政府同乡镇党委的关系。在我国的政治架构中，中国共产党是执政党，这一地位决定中国共产党是整个国家和社会全部事务的领导核心，在乡村治理中扮演着重要的角色，乡镇政府除了自觉遵守国家的宪法、法律、法规，还必须接受党通过基层组织实施的领导。乡镇党委作为领导核心，负责乡村社会的全面工作，尤其是政治领导和组织协调工作，而乡镇政府主要负责区域内的综合性行政事务。但是，在现实生活中，乡镇政府同乡镇党委的这种关系经常被打破，甚至不少乡镇长的遴选直接是"政党提名"，也就是说，乡镇党委尤其是乡镇党委书

---

① 所谓"七站八所"是指县一级在乡镇的派出机构，并非确数，为概数。

记掌握着重要权力,阻碍了乡镇政府治理的良性运行。因此,需要进一步理顺二者之间的关系:一方面要加强农村基层党组织建设,发挥党组织的领导核心作用;另一方面也要改善乡镇党委对乡镇政府的领导方式,从具体行政事务中撤出来,回归到政治领导、思想领导和组织领导。

其次,需要进一步理顺乡镇政府同乡镇人民代表大会的关系。乡镇人民代表大会是本乡镇的地方国家权力机关,乡镇政府作为地方国家权力机关的执行机关,向乡镇人民代表大会报告工作并对其负责。但是,在现实的权力运作过程中,乡镇人大的很多职权难以一一落实,甚至有的乡镇的人民代表大会被虚置。完善乡镇政府治理,需要对乡镇政府的不合理行为进行规制,因此,必须进一步理顺乡镇政府同乡镇人民代表大会的关系,更好地发挥乡镇人民代表大会的监督职能。一是乡镇人民代表大会要依法实施对乡镇政府的监督,将在乡镇人民代表大会上代表们提出的建议整理反馈给乡镇政府,并跟踪乡镇政府的落实情况。二是乡镇人民代表大会除了依法监督乡镇政府工作,还可以适当参与乡镇政府的部分行政工作,以便更好地发挥监督功能。

最后,还需理顺乡镇政府同"站所"的事务关系。设置在乡镇的"站所"一般归县级政府直接管辖,这种条块分割的管理体制进一步弱化了乡镇政府的治理权能,因此,"站所"转制势在必行,即对设置在乡镇的各个"站所",按照行政职能收归政府、经营职能抛向市场、服务职能转给社会的原则实行转制,变成企业或者社会组织,直接参与乡村公共服务的供给和经营。

第三,优化乡镇政府治理结构,还需要完善乡镇政府的权力设置,区分政治和行政两种过程。当前中国乡镇政府治理的实际是行政过程被政治化,不但造成行政资源的巨大浪费,更引发了大量乡村社会矛盾,因此,必须在乡镇政府治理的过程中注意区分两种过程,并实现两种过程功能上的互补。首先,乡镇政府要完善行政部门的结构、职能以及行为模式,使其具有一定持续性。其次,乡镇政府在其日常的行政过程中,也要注意充分调动社会公众参与,并将整合的意见纳入政治过程中,与此同时,在政治过程中形成的政策也要尽快落实执行,以保证乡镇政府运行的高效率。

最后，要提升乡镇政府的执行力，确保对社会需求作出及时有效的回应。

总之，机制是以结构为载体的，是由结构所主导的。乡镇政府治理结构的优化可以为乡镇政府更好地履行自身职能创造良好的基础条件，从而提升乡镇政府治理的效能，实现乡村治理机制的良性运行。

三、完善有利于乡镇政府治理的制度

乡村治理的规则体系是乡村治理机制的重要组成部分之一，乡镇政府治理效能的高低，在很大程度上取决于其对乡村治理机制中各种制度的遵循情况，同时也取决于各种制度对乡镇政府合理治理行为的保障程度。因此，要提升乡镇政府治理的效能，实现乡村治理机制的良性运行，需要完善有利于乡镇政府治理的制度。

第一，从乡镇政府与社会关系角度来看，需要通过组织和制度建设确保乡镇政府对乡村社会需求回应的有效性。乡村社会大量矛盾冲突产生的根源在于乡镇政府与社会的不信任关系，乡镇政府的运行主要以完成上级任务为目标，乡村社会的利益需求未能反映到乡镇政府内部，或者即便是中央政府作出了回应，也因为乡镇政府的自利性追求而得不到落实，乡村社会群体性事件频发正是这一现实状况的真实写照。要化解乡村社会矛盾，必须使乡镇政府对乡村社会的各种需求作出及时有效的回应，这就需要通过相应的组织和制度建设，尤其是法律法规体系的健全来规制乡镇政府的行政行为，同时，也要通过制度建设调动社会力量广泛参与。

首先，完善利益表达机制，拓宽农民的参与渠道。乡镇政府要通过制定相关的政策对农民的利益表达提供制度保障，使农民的各种利益需求能及时准确地传达到乡镇政府内部，这是乡镇政府针对社会需求作出有效回应的必要前提条件。因此，需要进一步完善人民代表大会制度、信访制度等利益表达机制，使之真正发挥"桥梁"和"纽带"作用。此外，还要开辟体制外的利益表达途径，利用互联网和大众传媒等拓宽农民的参与渠道，形成科学有效的利益表达机制。

其次，加强法治建设，保障农民的参与权利。"现代民主政治确定了主权在民的根本原则，为普通公民提供了政治参与这种新的选择，同时开

辟了政治合法性的新的来源和生成空间。"① 随着社会主体参与意识和参与能力的提升，乡镇政府需要尊重社会主体在治理中的重要作用，加强法治建设，在保障农民基本权利的基础上，鼓励农民参与到乡村治理中。

最后，发展协商民主，限制乡镇政府在行政过程中使用专断性权力，通过与社会组织、社会团体等协商合作实现对乡村社会公共事务的处理，加强乡镇政府同社会的良性互动。

第二，建立合理的公共财政体制并完善财政转移支付制度，缓解乡镇财政困境。良好的财政状况是基层政府治理的基础，当前乡镇政府治理能力不足在一定程度上源于现有的不合理的财政分配制度。因此，要化解乡镇政府债务危机，提升乡镇政府财政汲取能力，就需要建立合理的公共财政体制。一是建立乡镇公共财政收入机制，确保乡镇政府的财政收入来源，针对分税制改革后因中央和地方政府财权层层上移、事权层层下划导致的乡镇政府财权和事权不一致的现状，合理划分乡镇政府的事权范围，将乡镇范围内的与乡镇政府所辖区域居民直接相关的公共服务和公共产品的供给交给乡镇政府，并给予相应的财权，其他跨区域的或全国性的公共服务则由县以上的地方政府或中央政府完成。二是进一步规范财政转移支付制度。财政转移支付的目的是均衡地区间财力差距，推进基本公共服务均等化，因此，中央政府要加大对后发达地区乡镇财政的转移支付额度和力度，并根据公共服务均等化和城乡统筹的原则科学核定乡镇政府的财政收入和支出的基数。此外，还需要优化转移支付的结构，减少专项转移支付，扩大一般性转移支付。三是建立民主、规范的公共财政预算和支出机制，确保乡镇政府的财政行为置于民众的监督之下。

第三节 完善村民自治运行机制的着力点

2015年12月31日，中共中央国务院发布了第十八个一号文件，强调要创新和完善乡村治理机制，"依法开展村民自治实践，探索村党组织领

---

① 何增科、[德] 王海、[德] 舒耕德：《中国地方治理改革、政治参与和政治合法性初探》，《经济社会体制比较》2007年第4期。

导的村民自治有效实现形式"①。村民自治是中国特色的基层民主政治制度，更是乡村治理机制运行中非常重要的环节，村民自治的良性运行，不但可以增强农民的民主意识，锻炼农民的民主能力，进一步推进农村基层民主的发展，而且还可以实现乡镇政府和农民、国家和乡村社会力量的有效衔接。因此，完善乡村治理机制，必须要实现村民自治运行的规范化和法治化。

一、发挥农民在村民自治中的主体作用

中共十八届五中全会明确提出要加强和创新社会治理："完善党委领导、政府主导、社会协同、公众参与、法治保障的社会治理体制，推进社会治理精细化，构建全民共建共享的社会治理格局。"②农民是最大规模的乡村治理主体，其主体作用的有效发挥，对于村民自治乃至乡村治理机制的良性运行意义重大。完善乡村治理机制，完善村民自治运行机制，首先需要充分发挥农民在村民自治中的主体作用。提升农民在村民自治中的主体作用，不但要增强农民的主体意识，还要想方设法增加农民收入，提高农民的经济地位，确保农民参与治理有充足动力，更要推动乡村社会组织发育，为农民有序参与提供组织依托，当然，最重要的就是要培养新型职业农民，从根本上提升农民的整体素质和自治能力。

第一，发挥农民在村民自治中的主体作用，首先需要增强农民的主体意识。农民既是乡村治理的执行主体，又是乡村治理的受益主体，农民主体意识的强弱直接影响到农民在乡村治理实践中主体作用发挥的程度。为此，我们必须在乡村治理中始终依靠并相信农民，确保属于农民的事情由农民自己做主决定，以此来增强农民的主体意识。

首先，增强农民的主体意识，就要引导农民正确认识自己的主体地位。农民是乡村治理的主要主体，发挥重要作用。然而，在实践中很多农民并没有意识到自己在乡村治理中的主体地位，随意浪费手中的民主权利，将自己置身于村民自治的运行之外。因此，如何在乡村治理中引导农

---

① 《十八大以来重要文献选编》（下），中央文献出版社2018年版，第122页。
② 《十八大以来重要文献选编》（中），中央文献出版社2016年版，第819页。

民认清自身的主体地位就成为我们当前应该着手解决的重要问题。一是要消除阻碍农民主体意识形成的传统文化因素的消极影响，传统的伦理观念和严苛的尊卑秩序造就了不少"顺民"，由于习惯了逆来顺受，他们很难正确认识自己在乡村治理中的地位和作用，我们要做的就是用社会主义核心价值体系武装农民，树立农民的主人翁意识，减少或消除封建文化的影响。二是要借助新兴的媒体力量进行广泛的宣传，将党和国家的方针政策向农民传达落实，营造合适的氛围，让农民亲身感受其应该扮演的角色。

其次，要增强农民的主体意识，还要尊重农民的首创精神。改革开放以来，中国农民表现出卓越的首创精神，从家庭联产承包责任制到村民自治，都是首先由农民发明创造并最终上升为国家制度的，因此，必须要尊重农民的首创精神，依靠农民实现乡村治理机制的良性运行。尊重农民的首创精神，就是要在乡村治理实践中，在村民自治的运行中，坚决杜绝一切"越俎代庖"和行政干预行为，在乡村公共事务特别是涉及农民自身利益事项的处理上，要认真听取农民的意见，尊重并满足农民的意愿，引导农民为解决乡村公共问题献策献力。

第二，发挥农民在村民自治中的主体作用，还需要大力发展农村社会生产力，增加农民收入，奠定农民积极参与村民自治的物质基础。从一定意义上说，地区经济发展水平和农民的收入情况决定了农民的政治参与情况，影响到其主体作用的发挥。2011年华中师范大学农村研究院所做的关于"中国农民政治参与状况"的调查显示，农民的政治参与热情同家庭收入成正比，农民家庭的收入越高，其政治参与的积极性越高、动力越足，反之，就会失去参与的热情。详见表5所示。同一调查的样本数据显示，我国农民家庭人均收入在0—4999元、5000—9999元、10000—14999元、15000—19999元和20000元以上的比例分别为36.5%、32.0%、17%、6.6%、7.9%，我国农民的收入普遍较低。[①] 这就使农民因为追求生存需求的满足而没有精力参与到民主选举、民主决策、民主管理和民主监督中

[①] 徐勇、邓大才主编：《中国农民的政治认知与参与》，中国社会科学出版社2012年版，第67—68页。

来。因此,必须要大力发展农村社会生产力,提高农业生产效益,增加农民收入,确保农民政治参与的动力十足。一是继续加大强农惠农富农政策力度,坚持"多予、少取、放活"的方针,建立"保障农民增收的长效机制",制定向农业、农村倾斜的政策,加快农业科技的推广,促进农业增产、农民增收。二是要建立健全农民权益保障机制,在确保农民国民待遇的基础上推动城乡公共服务均等化。

表5 不同收入农民的政治参与情况(%)

收入(元)	0—4999	5000—9999	10000—14999	15000—19999	20000以上
村委会投票率	73.8	79.3	81.7	83.8	83.6
村民会议参与率	50.6	52.2	55.2	56.8	64.2
村民会议提意见或建议率	26.5	26.9	35.7	36.0	38.9
对村务、财务、政务监督率	22.3	25.7	34.6	36.0	43.6

第三,发挥农民在村民自治中的主体作用,需要培育新型职业农民,增强农民自身能力。随着城市化进程的逐步推进,加上农业的比较收益较低、农村生产生活条件较差,大量农村劳动力流向城市和非农产业。据国家统计局统计资料显示,2022年,全国农民工总量为29562万人,比上年增长1.1%。其中,外出农民工17190万人,比上年增长0.1%;本地农民工12372万人,比上年增长2.4%。[①] 当前中国农村劳动力流动的特点是青壮年劳动力外流、有文化有能力的农村精英外流,留守的农民素质偏低,参与能力不足。因此,必须加强对留守农民的教育培训,增强其各方面能力,同时还要创造条件,吸引外出农民工甚至大学生回乡就业,提升整体农民素质和能力。2012年中共中央一号文件提出要"大力培育新型职业农民",对农村初高中毕业未升学人员提供农业技能培训,对留守青年农民的创业项目和返乡农民工的创业项目提供支持,农民职业化进程由

---

① 《中华人民共和国2022年国民经济和社会发展统计公报》,中华人民共和国国家统计局网,2023年2月28日。

此开始。

首先,改善农村生产生活条件,增强其对新型职业农民的吸引力。所谓新型职业农民是相对于普通农民群体而言的,新型职业农民除了具备农民的一般性特征,还具有自身的三个特点,即"新型职业农民是市场主体","新型职业农民具有高度的稳定性,把务农作为终身职业,而且后继有人","新型职业农民具有高度的社会责任感和现代观念"[①]。大量农民精英之所以向城市和非农产业流动,是因为经济发达地区的生活质量普遍较高,较之不高的农业收入,从事其他产业能给他们带来可观的经济收益。因此,为吸引外出务工人员返乡,可以从以下几方面着手:一是改善农村的生产生活条件,增加农业的比较收益;二是在创业方面给予返乡农民工一定的支持;三是建立相应的激励机制,鼓励农村知识青年发展特色农业项目,吸引农科类大学毕业生来农村就业。通过以上措施吸引优秀人才回乡,为新型职业农民的成长壮大储存人力资本。

其次,有针对性地开展新型职业农民的职业技能培训,提升其从业能力。新型职业农民培育主要应该针对三类农民群体展开,即农业经营管理者、农村的种养大户以及社会化的服务型农民,针对从事不同职业的农民,开展不同内容的职业培训。比如对农村的种养大户,可以依托农民专业合作社,对其进行农业科技、农产品流通及农业标准化生产等知识的教育和培训,具体的培育途径和手段可以借助农村的职业教育、成人教育以及互联网教育等形式。

最后,加大国家的制度扶持力度,尤其是完善金融支农政策。国家在实施强农惠农富农政策时要首先向新型职业农民倾斜,出台针对新型职业农民的劳动保障、信息服务等方面的扶持政策,真正让有意愿和能力的新型职业农民受益。同时要帮助新型职业农民着力解决金融信贷方面的难题,在财政上增加对新型职业农民的经费投入。

培育新型职业农民,可以提升农民的整体素质和能力,增强其与政府

---

① 朱启臻:《新型职业农民与家庭农场》,《中国农业大学学报(社会科学版)》2013年第2期。

沟通对话的主动性，确保其主体作用的有效发挥。同时，也可以通过新型职业农民带动其他农民积极参与乡村治理，提高村民自治机制运行的科学化、民主化水平。

第四，推进乡村社会组织发育，构建农民发挥主体作用的组织依托。当前中国农民在村民自治中的主体作用发挥不足，其根源在于中国农民的"原子化"现状。目前，在中国很多地区尤其是中西部地区的农村，农民是分散的，组织化水平较低，他们在自己的私人领域里干着自己的活计。由于单个的、分散的农民是利益诉求的主体，并且他们的行为都是以个人性的需求为目的，缺乏共享，因此，就农民整体而言，其参与乡村治理并发挥主体作用的能力不足。要提升农民在村民自治中的主体作用，必须提高农民组织化程度，以乡村社会组织为依托，在整体能力提升的前提下发挥作用。

二、理顺村民自治中的多重关系

作为内生于农村社区并被国家行政力量推动发展的基层群众性自治制度，村民自治在运行的过程中，必然会围绕村民自治组织发生多种关系，这些关系的协调与否直接决定着乡村治理结构的优劣，并最终影响乡村治理机制的运行。当前村民自治运行的实践表明，乡村关系、村庄"两委"关系以及村民自治组织间关系开始出现失调，因此，需要进一步理顺这些关系，为完善乡村治理机制创造有利条件。

第一，完善村民自治的运行机制，首先需要理顺乡镇政府同村民委员会的关系。乡村关系的不协调一直以来都是阻碍村民自治制度进一步健康发展的重要因素，大量调查研究的结果表明，乡村支配性关系使村民委员会出现"附属行政化"倾向，甚至在个别农村，村委会已经变成乡镇政府设在村庄内的附属行政机构，严重阻碍了村民委员会自治功能的发挥。造成这种情况的原因，既有体制性因素的影响，又有法制建设不足的影响。因此，理顺乡镇政府同村民委员会的关系，不但要明确界定各自的职责权限，改革乡镇政府的政绩考核方式，还可以考虑将二者同乡镇人民代表大会有效衔接，发挥乡镇人民代表大会强有力的作用。

首先，理顺乡镇政府与村民委员会的关系，需要明确界定各自的职责权限。当前乡镇政府与村民委员会关系失调的主要原因在于，相关的法律法规对其利益和权限的边界界定模糊，从而使乡镇政府在指导村民委员会开展工作的过程中经常超越特定的权限边界，造成了对村民委员会的"过度指导"或挤压。因此，需要从法治建设角度进一步完善村民自治运行相关的法律法规体系，明确界定乡镇政府和村民委员会的职责权限。此外，中国乡村社会发展的非均衡性特点决定了各地在建章立制的时候，可以采取原则上符合国家法律要求、具体细则规定上贴合本地实际的做法，制定出一些可操作性强的具体规定，比如根据当地实际情况，针对乡镇政府指导村民委员会工作以及村民委员会协助乡镇政府工作的细则作出明确规定，从而确保两者角色之间能找到平衡，形成乡镇政府和村民委员会良性的互动关系。

其次，理顺乡镇政府同村民委员会的关系，需要改革乡镇政府政绩考核方式。当前，乡镇政府在履行职能的过程中，通常会面临来自上级政府的考核压力，即县政府对乡镇政府的政绩考核，它主要是依据乡镇政府完成目标任务情况对乡镇政府进行排名，并根据排名情况确定对乡镇政府领导人的奖惩。为了赢得竞争，一些乡镇政府就选择把目标任务转嫁给下辖的村民委员会，并最终落实到农民头上，形成了乡政对村治的挤压。因此，理顺乡镇政府同村民委员会的关系需要改变这种政绩考核方式，一是地方政府在制定考核任务的时候要充分考虑到乡镇政府的实际情况和完成能力；二是乡镇政府在将目标任务分解落实给村庄的时候也要同村民委员会进行协商，广泛征求村民的意见，使制定的考核任务能够赢得村民的理解和支持。

最后，理顺乡镇政府同村民委员会的关系，需要进一步提高乡村干部和农民群众的素质。当前乡镇政府同村民委员会的关系在某种程度上体现为官民、干群关系，二者关系的失调同乡村干部和农民群众的素质较低不无关系。理顺乡镇政府同村民委员会的关系，一是改变乡村干部的人治观念以及官僚主义和家长制的工作作风；二是要提高农民群众的文化教育程度，增强其民主意识和法律观念，从而实现乡村关系的良性互动。

第二，完善村民自治的运行机制，需要理顺村民委员会和村党支部的关系。村庄"两委"矛盾是村民自治运行过程中产生的现实问题，已经成为制约村民自治良性运行的因素之一。村民委员会是村民自治组织，村党支部是中国共产党在农村的基层组织，它们是两类权力来源完全不同的组织，各自按照不同的法律和章程开展工作。因此，要理顺村民委员会和村党支部的关系，就需要在确保农村基层党组织发挥领导核心作用的基础上进一步明确二者的职责权限。

首先，理顺村民委员会和村党支部的关系，必须加强和改善党的领导。中国共产党作为执政党，是中国特色社会主义事业的领导核心，其在农村的基层组织也成为农村各项工作的领导核心。理顺"两委"关系，并不是要否认党组织的领导，而是要在承认党组织领导核心地位的基础上协调彼此之间的关系。《中共中央关于制定国民经济和社会发展第十三个五年规划的建议》强调，要实现全面建成小康社会的奋斗目标，推动经济社会持续健康发展，必须坚持党的领导，"党的领导是中国特色社会主义制度的最大优势，是实现经济社会持续健康发展的根本政治保证"[①]。在多元共治的治理机制下，必须通过农村基层党组织建设来加强和改善党的领导。

其次，理顺村民委员会和村党支部的关系，需要明确界定各自的职责权限。村庄"两委"矛盾的产生源于相关的法律法规对二者职能规定的交叉和冲突，因此，必须明确界定村民委员会和村党支部的权限边界，在坚持党的领导核心地位基础上强化村民委员会的自治功能，通过制定更具操作性的《村民委员会组织法》的实施细则，明确划分村民委员会和村党支部各自分管的工作内容，从而使双方能够各司其职。

最后，可以通过推行党政"一肩挑"（村党支部书记和村委会主任由同一人担任）来化解"两委"矛盾。根据2002年《中共中央办公厅、国务院办公厅关于进一步做好村民委员会换届选举工作的通知》提出的四"提倡"，村党支部书记和村委会主任可以由同一人担任，这样可以在一定

---

① 《十八大以来重要文献选编》（中），中央文献出版社2016年版，第790页。

程度上缓解因领导者个人认识上的差异导致的"两委"矛盾，对促进村民自治的良性运行具有一定作用。

第三，完善村民自治的运行机制，需要理顺村民自治组织间的关系。村民自治组织是村民自治的载体，其内部关系的不协调，尤其是村委会和村民会议、村民代表会议之间的替代关系，影响了村民自治的运行效果。一些学者将当前村民自治运行存在问题的原因归结为乡镇政府对村民委员会的过度干涉，实则不然，这个被选出来的村委会能不能真正代表村民的利益才是问题的症结所在。因此，要完善村民自治的运行机制，需要理顺村民自治组织间的关系。一是加强村民自治的法制建设，弥补其中的法律漏洞，从根本上明确各组织的法律地位；二是在实践中改变村委会自治的现状，充分发挥其他村民自治组织的决策和监督功能，使村民委员会能真正代表村民的利益，只有这样，才能形成村民自治组织间良性的互动关系，才能推进乡村治理机制的进一步完善。

三、加强村民自治的法制建设

规则体系是乡村治理机制重要的构成要素，分为正式制度和非正式制度，其功能主要是维系乡村治理主体间的有机联结，是乡村治理机制完善过程中不可逾越的重要一环。从当前村民自治运行的结果来看，法制建设的不足是引发乡村治理主体间不和谐关系的主要原因，因此，要完善乡村治理机制，实现村民自治的良性运行，势必要加强村民自治的法制建设，健全村民自治的法律体系，创造一个有利于村民自治良性运行的法制环境。

第一，加强村民自治的法制建设，首先需要健全现有的法律体系。村民自治运行的困境在很大程度上缘于当前村民自治法制建设的不足，立法上的不完备导致了村民自治运行程序上的不平衡，而法律规定中的交叉、冲突又使乡村治理主体间产生不协调关系等。此类问题的解决，都需要健全现有的法律体系。

首先，推动村民自治立法。在有可能的条件下推动开展《村民自治法》或《村民自治组织法》的立法工作，有学者认为二者相比较而言，《村民自治组织法》更为科学。现行的《村民委员会组织法》已经沿用了20多年，虽然中间进行过修订，但仍然存在问题，现实中的许多新情况未能及时体现到其中，最关键的是《村民委员会组织法》偏重民主选举，因此需要相应的法律法规来保证民主选举、民主决策、民主管理和民主监督的有机统一，而《村民自治组织法》恰恰可以成为这样一个具有统领性质的基本法律，这样各地地方立法就有了明确的法律依据。除此之外，还应该考虑制定与之相配套的有关村民自治方面具体的单项法律法规，甚至可以以地方立法的形式完成，以体现中国乡村社会的地区差异性和村民自治的灵活性。各地方政府尤其是基层政府还可以制定一系列操作性更强的行政法规、政策、规章等，作为对村民自治基本立法的有效补充。

其次，进一步完善现有的法律法规。在《村民委员会组织法》还是村民自治基本法的情况下，可以针对现有法律法规进行完善，解决其中的交叉和冲突的地方，使乡村治理主体的法律地位和职责权限更加明确，从而为治理主体间关系的协调以及乡村治理机制的完善创造有利条件。例如，针对村民自治运行过程中出现的乡村关系、"两委"关系失调现象，可以考虑增加相关的法规条例，明确彼此间的关系，并针对其中的"指导与被指导""领导与被领导"关系，具体阐明指导或领导的方式、内容等，以便在村民自治运行过程中各主体行为都能找到相应的法律依据，减少冲突。

最后，弥补现存的法律漏洞。关键是要从法律上明确界定村民自治的主体，名不正则言不顺，我国法律体系中对自治权的行使主体鲜有提及，这就使得村民的自治权在受到侵犯时不能及时寻求法律保障，因此，必须从立法上解决这一根本问题。

第二，完善司法救济机制，保障村民自治权。所谓救济就是通过法律或者类似于法律的途径对权利冲突、纠纷或者权利被侵害问题的解决。村民自治的本质决定了解决村民自治纠纷和冲突的最佳途径就是法律救济。当前我国现实情况是针对村民自治纠纷和冲突的司法救济机制不健全，具体表现为法律规定的缺乏和法律救济途径的不畅。因此，要保障村民的自治权，就要完善司法救济机制，畅通法律救济途径。

第四节 完善乡村社会自我调节的主要方向

乡村社会自我调节是乡村治理机制的重要组成部分,在化解乡村社会矛盾、协调乡村社会关系、提供部分乡村社会公共服务方面发挥着重要的调节功能,可以作为"乡政村治"的重要补充。然而,当前乡村社会组织发展缓慢,加上乡村社会非正式制度的局限,影响了乡村社会自我调节功能的发挥,因此,完善乡村治理机制,需要进一步完善乡村社会自我调节的运行机制。

一、加强乡村社会组织建设

从一定意义上说,一国的组织化程度是衡量该国现代化水平的重要标准。当前,乡村社会组织发展呈现出的覆盖率低、规模小、发展不均衡、运行效能低等特点,不但直接影响了乡村社会组织功能的发挥,更影响着乡村治理机制的进一步完善。因此,完善乡村社会自我调节,需要加强乡村社会组织建设,既要优化乡村社会组织发展环境,提供组织发展的法律制度支持,促进乡村社会组织自身发展,同时也要加强对乡村社会组织发展的监管,规范乡村社会组织的运作。

第一,促进乡村社会组织自身发展。《中国农村社会组织发展报告》显示,当前中国乡村社会组织发展呈现弱势,表现为整体发展水平较低、自治能力较差。为推动乡村社会组织自身发展,实现乡村社会组织的重塑,可从三个方面进行尝试:在生长动力方面,将内生的需求主导与外部的激励力量结合起来;在发展模式方面,实施差异化发展,在全面覆盖的基础上体现重点扶持和制度倾斜;在指导理念方面,强调控制和保护相结合[1]。从政社互动的角度来说,促进乡村社会组织自身发展就是要实现外扶助推与内在动力协同发展。

首先,政府要发挥重要的外扶助推作用,促进乡村社会组织发展。乡村社会组织的发展态势在很大程度上取决于基层政府能让渡的发展空间有

---

[1] 李志强、王庆华:《"结构—功能"互适性理论:转型农村创新社会管理研究新解释框架——基于农村社会组织的维度》,《南京农业大学学报(社会科学版)》2014年第5期。

多大,这就需要乡镇政府实现职能转变,重新定位自身的治理角色。对于乡镇政府来说,重要的是要利用掌握的资源培育乡村社会组织,使其能履行公共服务供给和社会秩序维护的职能,以弥补乡镇政府职能转变而出现的治理真空。一是政府尤其是基层政府要对所辖农村社区的社会组织发展制定规划,使乡村社会组织在数量、规模、种类以及布局等方面都能适应乡村治理的实际需要。二是政府要优化乡村社会组织发展的制度环境,即一方面破除阻碍乡村社会组织发展的制度障碍,另一方面要提供相应的配套政策鼓励组织发展,加大在乡村社会组织发展过程中的注册立项、财政补贴、税收减免等方面的支持力度,为乡村社会组织的发展创造有利条件。三是政府可以通过制定人才激励机制引导大学毕业生或回乡务工人员进入社会组织,为乡村社会组织输入管理人才,帮助其解决因人才缺乏导致的运转难题。四是乡镇政府要与社会组织实现良性互动,给予乡村社会组织广阔的发展空间。乡镇政府可以将部分公共服务和其他事项交给乡村社会组织办理,增强其积极性和治理能力。

其次,乡村社会组织也要加强自身的制度建设和人才培养。在乡村社会组织发展方面,政府的推动力量固然重要,但外因要靠内因起作用,除了要将政府扶持转化为成长的力量,乡村社会组织还要加强自身规章制度建设和管理人才的培养,以实现自身的可持续发展。一是加强乡村社会组织内部的规章制度建设,减少乡村社会组织运行过程中的随意行为。目前,乡村社会组织内部规章制度建设主要围绕组织的日常管理制度、民主监督制度、内部财务审计制度等展开,以提高自身的自律水平。二是要注重组织内部管理人才的培养。当前不少乡村社会组织由于缺少活跃的人员,从而处于空转的状态,自治效能较差,因此需要下大力气培养组织内部的管理人才,确保乡村社会组织能够运转起来。乡村社会组织内部管理人才的培养除了可以依赖政府的扶持,更重要的是要结合组织自身条件和需要,有针对性地加强对管理人员的教育和培训,提升管理者的素质和能力。或者可以吸引乡村能人进入组织,发挥其在组织运转方面的协调作用和农民参与方面的引导作用。

第二,规范乡村社会组织的运行,提升其自治效能。当前,乡村社会组织还处于发展的初级阶段，整体素质较低，运行机制也大多不规范，加上农民的法律意识淡薄，使得乡村社会组织的运行容易脱离正常轨道，因此要加强政府的监管，依法对乡村社会组织的违法行为进行查处，取缔非法的民间组织。此外，由于不少乡村社会组织的发起人和管理者均来自乡镇政府和村庄"两委"，很多社会组织都具有"官办"或"官民合办"性质，"民间性"不足的特点决定了乡村社会组织在运行的过程中势必会受到较多的行政干预，自治能力不足。乡村社会组织的这种发展现状没有办法满足农民多元化的利益需求，使得他们往往从体制外寻求利益表达的途径，群体性事件频发，乡村社会秩序和稳定受到威胁。因此，要完善管理乡村社会组织的法律体系，实现政府对乡村社会组织的依法管理，避免过多的行政干预。同时，乡村社会组织还要加强自身的管理制度建设，形成自我约束、自我发展的运行机制，提高自治能力。

第三，引导农民参与社会组织建设，夯实乡村社会组织的群众基础。早在1943年毛泽东就强调将农民群众"组织起来"，在他看来，农民的分散状态只会让自身陷入永远的穷苦。时至今日，农民的分散状态仍在继续，尽管乡村社会组织已经呈现出发展趋势，但是较低的农民参与率抑制了其功能的发挥。当前的主要任务就是一方面要推动乡村社会组织自身建设，另一方面要把乡村社会组织作为载体将农民组织起来，形成强大的整体力量，改变当前乡村治理中农民"集体失语"的现状。

二、整合乡村社会规范体系

作为乡村治理机制的重要组成部分，乡村治理中的正式制度和非正式制度对乡村治理主体的行为起到明显的规范作用，是治理主体间关系协调的重要保证。其中，非正式制度虽然产生于田间地头，但仍可对乡村治理主体发生潜移默化的影响，因而可以作为乡村社会自我调节的重要手段。但是，当前乡村社会非正式制度的某些局限，影响到乡村社会自我调节功能的发挥。因此，完善乡村治理机制，完善乡村社会自我调节，需要整合乡村社会规范体系，使之发挥更好的规范作用。

第一，整合乡村社会正式制度和非正式制度。从乡村社会正式制度和非正式制度运行的实践来看，二者之间存在着一定程度的冲突，这是因为两种制度的来源和起作用的方式不同。但是，从另外一个角度来说，这两种制度又统一于乡村治理机制中，共同发挥相应的规范和调节作用，二者是不可分割的统一整体。现实中存在的正式制度和非正式制度的扭曲关系，影响到两种制度作用的发挥，需要对此进行整合，使之找到更好地发挥作用的契合点。

首先，完善乡村社会非正式制度。中国乡村社会的非正式制度包括村民在长期共同的劳动生活中形成的共同的价值观念、风俗习惯、伦理道德以及乡规民约等，虽然在乡村社会转型过程中受到一定冲击，但其中的优秀因素仍然在发挥重要作用。当前，中国乡村治理中正式制度的运行在某种程度上依然"保持着乡村社会风俗习惯和传统文化的黏滞性与延续性"[①]，这种非正式制度具有一定的合理性。因此，为了更好地发挥乡村社会非正式制度的调节作用和规范作用，完善乡村治理机制，就需要对其进行进一步优化，使优良传统文化得以恢复，乡村"熟人社会"的互助性等特质继续保持，以便更好地发挥乡村社会整合作用。

其次，实现乡村社会正式制度和非正式制度的深度融合。随着市场经济的发展以及"熟人社会"向"半熟人社会"转变，农民日常交往中的人情越来越淡，关系也越来越疏离，以利益计算为基础的市场规则开始影响人们的交往行为。在此情况下，单纯依赖道德调节已经不能满足维持秩序的需要，这时候需要在农民之间建立起正式的调节规范，法律就是最好的选择。但是，如果正式制度不能和非正式制度有效对接的话，就会造成正式制度"不接地气""不能生根发芽"，从而导致正式制度在运行过程中纵向断裂。因此，必须实现正式制度和乡村社会非正式制度的深度融合，发挥二者的优势互补作用。一是必须要正视乡村社会正式制度的制约作用。从乡村社会发展的实践来看，正式制度起作用的发展势头是不可逆转的，这也是我们在处理乡村关系的时候需要遵循的一个基本前提。二是将乡村

[①] 杨嵘均：《论正式制度与非正式制度在乡村治理中的互动关系》，《江海学刊》2014年第1期。

社会正式制度的运行嵌入乡村社会非正式制度的乡土文化特征之中，使之找到更适合乡村社会的规范方式。

第二，重构乡村社会资本。社会资本也是一种非正式制度，这种非正式制度可以是朋友间的互惠规则，也可以是宗教的教条，涉及范围非常广泛。社会资本存量丰富的共同体能孕育出一般交流的牢固的规范、准则，能够推动产生充分的社会信任，因而可以促进社会合作，解决集体行动的困境。中国乡村社会是一个以血缘关系和地缘关系为基础建立起来的熟人社会，成员间的相互信任和协作衍生出互惠规范，有助于化解社会矛盾。因此，乡村社会资本是重要的治理资源，能推动乡村治理机制的良性运行，提升乡村治理绩效。

首先，重构乡村社会资本，需要充分发挥政府的主导作用。重构乡村社会资本就是要实现乡村社会资本从传统向现代的转型，传统的乡村社会资本主要体现的是血缘和地缘基础上的关系网络，而现代的乡村社会资本则以公民的权利、义务为基础，体现为村民更广泛层面上的合作，特别是以各类组织为载体的业缘关系网络。在促成乡村社会资本转型的过程中，政府是非常重要的推动力量，政府尤其是基层政府的公信力对现代乡村社会资本的生成至关重要，主要表现为政府要为乡村社会资本的重构创造良好的制度环境。一般来说，在民主的制度环境下，社会资本的存量要大于非民主制度环境。较高的社会福利也能推动社会资本的生成。因此，政府尤其是基层政府要为乡村社会资本的重构积极创造有利的制度环境，目前最重要的是要继续完善村民自治制度。

其次，重构乡村社会资本，需要积极推动乡村社会组织建设。从一定意义上来说，社会资本是由观念性的要素构成的，"作为观念资源的社会资本通过某种社会实体来发挥作用"[1]，传统乡村社会资本的载体是血缘或亲缘的关系网络，随着乡村社会的转型，又出现大量的组织载体。乡村社会组织一般是基于某种共同利益或共同的兴趣爱好建立起来的，组织成员

---

[1] 马得勇：《乡村社会资本的政治效应——基于中国 20 个乡镇的比较研究》，《经济社会体制比较》2013 年第 6 期。

之间可以进行经常性的交往和互动，因而感情联系比较密切，彼此之间的信任程度较高，这一特征对乡村社会资本的培育起到非常重要的作用。因此，重构乡村社会资本，就要加强乡村社会组织建设，培育乡村社会资本发挥作用的组织载体。

三、完善乡村社会的自我调节机制

乡村社会自我调节功能发挥不够，除了要归因于乡村社会组织发育缓慢以及乡村社会非正式制度的局限，还应该从乡村社会自我调节的运作过程来思考一下乡村社会自我调节机制方面的问题。由于不能及时识别问题，造成乡村社会自我调节功能滞后，同时又由于实施调节的随意性和无序性，使得乡村社会自我调节功能不能正常发挥。完善乡村治理机制，需要进一步规范乡村社会自我调节的运作，优化其调节机制。

第一，建立有效的预测分析机制，及时有效识别乡村社会发展中的各种问题。正确有效地识别各种问题是乡村社会自我调节的必要前提，当前我国乡村社会发展面临着许多不确定性因素，对于这些因素如果不能准确认识和把握，就有可能对整个乡村社会发展和农村和谐社会的建设造成不良影响。因此，需要建立科学有效的社会预测和分析机制，将分析的重点放在与乡村社会生活和发展密切相关的领域里，及时发现乡村社会生活中发生的各种重大变化及其可能引发的各种矛盾和问题，并具体分析变化和问题产生的根本原因，从而为以后的社会整合奠定基础。这种预测分析机制也要直接面向乡镇政府的决策层，为其科学决策提供依据，因此，这一机制还需要对收集的资料进行分类，将那些需要动用国家力量予以解决的重大问题反馈给乡镇政府，而将那些可以由乡村社会自我调节的问题反馈给对应的乡村社会组织，动用社会力量予以调节。鉴于乡村社会组织发展的现状，乡镇政府需要在乡村社会预测分析机制的建立过程中发挥推动作用，并实现同乡村社会组织的有效衔接。

第二，规范乡村社会自我调节的运行。乡村社会自我调节运行过程中存在的随意调节和无序调节等问题，影响到其功能的正常发挥，因此，需要进一步规范乡村社会自我调节的运行，加强正式制度在乡村社会自我调节过程中的运用，并增强农村基层党组织在利益整合中的重要作用。

首先，加强正式制度在乡村社会自我调节过程中的作用。乡村社会自我调节主要依靠乡村社会的规范体系尤其是非正式的规范体系起作用，而非正式制度对乡村社会的调节作用主要依靠乡村社会成员内心的道德感和羞耻感来实现，加之乡村社会非正式制度自身也存在着一定的局限性，从而使得乡村社会非正式制度的调节作用具有较大的随意性，影响了乡村社会自我调节功能的发挥。规范乡村社会自我调节的运行，需要加强正式制度在调节过程中的作用。具体的途径就是实现乡村社会正式制度和非正式制度的整合。

其次，减少乡村社会自我调节的无序性。乡村社会自我调节的无序性缘于其调节的自发性特征以及乡村社会成员利益诉求的多样性，自发调节意味着如果不能进行有效的引导和掌控的话，容易在一定范围内形成乡村社会的不稳定因素，同时，乡村社会成员利益诉求的多样性，又增加了对多重利益进行整合的难度，这些因素都影响了自我调节功能的发挥。因此，需要进一步减少乡村社会自我调节的无序性。一是要提高对乡村社会问题识别的能力，增强调节的自觉性特征。二是要协调好乡村社会成员的多重利益，在进行利益整合的过程中，要从广大农民的根本利益出发，要以解决与农民利益密切相关的社会现实问题为重点，满足农民的多方面需求，这是乡村社会自我调节应该遵循的一条基本原则。

第三，完善以利益协调、社会保障、矛盾调处等为重点的调节机制。中共十八大明确提出建立维护群众权益机制，"完善信访制度，完善人民调解、行政调解、司法调解联动的工作体系，畅通和规范群众诉求表达、利益协调、权益保障渠道"[①]。乡村社会自我调节从本质上来说是为了满足乡村社会成员的物质文化需求，因而在调节的过程中，必然要对乡村社会成员的多重利益进行协调整合，这就需要进一步完善群众利益诉求表达和协调机制，更好地发挥乡村社会自我调节功能。

---

① 《十八大以来重要文献选编》(上)，中央文献出版社2014年版，第30页。

结　语

乡村治理机制是国家治理体系的重要组成部分，推进国家治理体系和治理能力现代化，必然要完善和创新现存的乡村治理机制。乡村治理机制是指依据一系列制度形成的，用以协调乡村治理主体间相互关系、相互作用，使之发挥一定功能的运作方式和运行机理。乡村治理机制揭示的是乡村治理内部要素的存在形态和实际运行的状态，确立了乡村治理机制，就能明确乡村治理各要素在实际运行中的功能和作用，也能确保乡村治理各要素在运行中的协调互动，从而能够更好地完成治理任务。治理主体、治理结构、治理规则是构成乡村治理机制的要素，治理主体是根本，没有治理主体，乡村治理机制就成了无本之木，治理结构是乡村治理机制得以运行的载体，治理规则是维持主体间有机联结并形成一定结构的关键性因素。随着乡村社会发展过程中新变化、新问题的不断显现，乡村治理机制也需要不断地调整完善。

20世纪80年代，国家变人民公社体制为乡镇政府体制，并将基层政权止于乡镇一级，其下设村民委员会，实行村民自治，由此形成了制度设计上的"乡政村治"治理格局，即乡镇政府行使行政管理权，对乡村社会各项工作实行宏观上的指导，在村庄范围内，村民以自治组织为载体实行自我管理、自我教育和自我服务。随着市场经济的不断发展，乡村社会结构分化，多元主体介入乡村治理实践中，对乡镇政府的一元管理形成强烈的冲击，尤其是乡村社会组织的成长，客观上提高了乡村社会的自治能力。由此，中国乡村社会实际上形成了以农村基层党组织为领导核心的乡镇政府治理、村民自治和乡村社会自我调节彼此衔接互动的治理机制，而且，乡镇政府治理、村民自治和乡村社会自我调节各自良性运行并有效衔接才能确保乡村治理机制的良性运行。

当前乡村治理机制不但促进了农村基层民主的蓬勃发展，也在一定程度上实现了国家对乡村社会的有效治理。但是，在实际运行的过程中，这一机制仍然存在一些背离设计的问题。县乡行政体制的影响、农民主体意识不足、村民自治法制建设有待加强以及乡村社会组织发展缓慢等，使得乡镇政府治理效能不高、村民自治运行有待增效、乡村社会自我调节能力有待提高。这些问题的解决需要进一步完善现有的乡村治理机制，实现其良性运行。本书从应然的学理层面分析，提出完善乡村治理机制的思路在于以下几个方面。

首先，凸显农村基层党组织的领导核心地位。中国的乡村治理，需要借助政党对乡村社会的延伸和渗透，通过政党下乡来实现对乡村社会的政治整合，可以说，农村基层党组织领导核心作用的有效发挥是乡村治理机制完善的基础。凸显农村基层党组织的领导核心地位，既要扩大党组织的组织和工作覆盖，更要建设农村基层服务型党组织，提升党组织的服务能力，以便更好地发挥利益整合功能。

其次，完善多元共治的乡村治理结构。乡村治理结构是治理机制运行的载体，是指各治理主体间的相互关系以及在各自权力、职责范围内的作用模式。从这个角度来说，完善乡村治理结构就需要从两个方面入手：一是要实现多元主体参与乡村治理。乡村治理主体是治理结构和治理机制的核心构成要素，没有治理主体，治理结构和治理机制便失去了存在的可能。乡村治理机制存在的问题在一定程度上缘于治理主体的部分缺位，主要表现为乡镇政府治理能力弱化、农民主体意识不足及乡村社会组织发育缓慢。因此，完善乡村治理机制，就要从治理主体入手，既要建设服务型乡镇政府，推进乡镇政府治理能力现代化；也要提升农民的主体意识，积极培育新型职业农民，增强其参与治理的能力，从而更好地发挥农民在村民自治中的主体作用；还要加强乡村社会组织建设，推动乡村社会发育，发挥乡村社会力量的协同治理功能。二是要实现"共治"的良性互动关系。从根本上说，只有各治理主体之间形成一定的相互关系并对此进行不断调整，才能使乡村治理机制运行起来，因此，完善乡村治理机制，还需要对治理主体间的关系进行理顺，实现彼此之间的有效衔接和良性互动。

结　语

最后，健全乡村治理机制运行的制度。乡村治理规则体系的重要作用，就是维系乡村治理主体的有机联结，确保乡村治理机制能够持续运行。健全乡村治理机制运行的制度主要包括两个方面：一是进一步完善乡村治理的规则体系，加强法制建设，整合正式制度和非正式制度，实现制度体系的现代化；二是通过相关制度的建立优化乡村治理机制运行的环境，增强其运行的效能。

中共十八大以来，创新社会治理体制问题被提上党和政府的重要议事日程，乡村治理机制的完善和创新也成为中共中央"三农"工作的重点所在。乡村治理机制的完善是一项大工程，并非一朝一夕就能完成。在这一过程中，既需要顶层良好的制度设计，又需要基层社会力量的积极参与，既要发挥农村基层党组织的领导核心作用，又要发挥乡镇政府的主导作用，也要发挥乡村社会力量的协同治理作用，形成党委领导、政府负责、民主协商、社会协同、公众参与、法治保障、科技支撑的治理格局。

参考文献

1. 《马克思恩格斯选集》（1—4卷），人民出版社2012年版。
2. 《列宁选集》（1—4卷），人民出版社2012年版。
3. 《毛泽东选集》（1—4卷），人民出版社1991年版。
4. 《邓小平文选》（1—3卷），人民出版社1993—1994年版。
5. 《江泽民文选》（1—3卷），人民出版社2006年版。
6. 胡锦涛：《论构建社会主义和谐社会》，中央文献出版社2013年版。
7. 《习近平谈治国理政》，外文出版社2014年版。
8. 《习近平谈治国理政》（1—4卷），外文出版社2017—2002年版。
9. 《十六大以来重要文献选编》（上），中央文献出版社2005年版。
10. 《十七大以来重要文献选编》（上），中央文献出版社2009年版。
11. 《十八大以来重要文献选编》（上中下），中央文献出版社2014—2018年版。
12. 《中共中央国务院关于"三农"工作的一号文件汇编（1982—2014）》，人民出版社2014年版。
13. 费孝通：《乡土中国　生育制度》，北京大学出版社1998年版。
14. 费孝通：《江村经济——中国农民的生活》，商务印书馆2005年版。
15. 徐勇：《乡村治理与中国政治》，中国社会科学出版社2003年版。
16. 张厚安、徐勇、项继权等：《中国农村村级治理——22个村的调查与比较》，华中师范大学出版社2000年版。
17. 贺雪峰：《乡村治理的社会基础——转型期乡村社会性质研究》，中国社会科学出版社2003年版。
18. 贺雪峰：《组织起来——取消农业税后农村基层组织建设研究》，山东人民出版社2012年版。

19. 温铁军主编：《中国新农村建设报告》，福建人民出版社 2010 年版。

20. 于建嵘：《岳村政治：转型期中国乡村政治结构的变迁》，商务印书馆 2001 年版。

21. 张静：《基层政权：乡村制度诸问题》，上海人民出版社 2007 年版。

22. 吴理财：《改革与重建——中国乡镇制度研究》，高等教育出版社 2010 年版。

23. 赵树凯：《乡镇治理与政府制度化》，商务印书馆 2010 年版。

24. 徐勇、邓大才、任路等：《中国农民状况发展报告 2014（政治卷）》，北京大学出版社 2014 年版。

25. 徐勇、邓大才主编：《中国农民的政治认知与参与》，中国社会科学出版社 2012 年版。

26. 徐勇、邓大才主编：《中国乡村政治与秩序》，中国社会科学出版社 2012 年版。

27. 唐鸣等：《草根民主的法律规制——村民自治面临的新问题及法律制度建设》，中国社会科学出版社 2013 年版。

28. 李增元：《村民自治到社区自治：农村基层民主治理的现代转型》，山东人民出版社 2014 年版。

29. 邓大才：《小农政治：社会化小农与乡村治理——小农社会化对乡村治理的冲击与治理转型》，中国社会科学出版社 2013 年版。

30. 郭正林：《中国农村权力结构》，中国社会科学出版社 2005 年版。

31. 陈晓莉：《新时期乡村治理主体及其行为关系研究》，中国社会科学出版社 2012 年版。

32. 曹锦清：《黄河边的中国——一个学者对乡村社会的观察与思考》，上海文艺出版社 2000 年版。

33. 贺雪峰：《论利益密集型农村地区的治理——以河南周口市郊农村调研为讨论基础》，《政治学研究》2011 年第 6 期。

34. 贺雪峰：《论熟人社会的竞选——以广东 L 镇调查为例》，《广东社会科学》2011 年第 5 期。

35. 贺雪峰：《国家与农民关系的三层分析——以农民上访为问题意识

之来源》,《天津社会科学》2011年第4期。

36. 徐勇、吴记峰:《重达自治:连结传统的尝试与困境——以广东省云浮和清远的探索为例》,《探索与争鸣》2014年第4期。

37. 徐勇、赵德健:《找回自治:对村民自治有效实现形式的探索》,《华中师范大学学报(人文社会科学版)》2014年第4期。

38. 邓大才:《利益相关:村民自治有效实现形式的产权基础》,《华中师范大学学报(人文社会科学版)》2014年第4期。

39. 胡平江:《地域相近:村民自治有效实现形式的空间基础》,《华中师范大学学报(人文社会科学版)》2014年第4期。

40. 任路:《文化相连:村民自治有效实现形式的文化基础》,《华中师范大学学报(人文社会科学版)》2014年第4期。

41. 肖唐镖:《近十年我国乡村治理的观察与反思》,《华中师范大学学报(人文社会科学版)》2014年第6期。

42. 肖唐镖、王江伟:《农村民主管理的村民评价——五省60村的跟踪研究(1999—2011)》,《四川大学学报(哲学社会科学版)》2014年第2期。

43. 黄韬、王双喜:《产权视角下乡村治理主体有效性的困境和出路》,《马克思主义与现实》2013年第2期。

44. 郁建兴、高翔:《地方发展型政府的行为逻辑及制度基础》,《中国社会科学》2012年第5期。

45. 徐勇、朱国云:《农村社区治理主体及其权力关系分析》,《理论月刊》2013年第1期。

46. 徐勇、王元成:《政府管理与群众自治的衔接机制研究——从强化基层人大代表的功能着力》,《河南大学学报(社会科学版)》2011年第5期。

47. 曹正汉:《中国上下分治的治理体制及其稳定机制》,《社会学研究》2011年第1期。

48. 王春光:《中国乡村治理结构的未来发展方向》,《人民论坛·学术前沿》2015年第3期。

49. 袁方成、李增元：《农村社区自治：村治制度的继替与转型》，《华中师范大学学报（人文社会科学版）》2011 年第 1 期。

50. 尤琳、陈世伟：《国家治理能力视角下中国乡村治理结构的历史变迁》，《社会主义研究》2014 年第 6 期。

51. 张艳国、尤琳：《农村基层治理能力现代化的构成要件及其实现路径》，《当代世界社会主义问题》2014 年第 2 期。

52. 孙柏瑛：《开放性、社会建构与基层政府社会治理创新》，《行政科学论坛》2014 年第 4 期。

53. 南刚志：《中国乡村治理模式的创新：从"乡政村治"到"乡村民主自治"》，《中国行政管理》2011 年第 5 期。

54. 徐炜、陈民洋：《农村社会治理创新模式的持续发展问题解析》，《江汉论坛》2015 年第 1 期。

55. 徐晓全：《新型社会组织参与乡村治理的机制与实践》，《中国特色社会主义研究》2014 年第 4 期。

56. 阎占定：《嵌入新型农民合作经济组织的乡村治理研究》，《江南大学学报（人文社会科学版）》2011 年第 5 期。

57. 任艳妮：《多元化乡村治理主体的治理资源优化配置研究》，《西北农林科技大学学报（社会科学版）》2012 年第 2 期。

58. 陈晓莉：《农村社会管理中基层党组织的社会整合功能》，《理论探讨》2011 年第 3 期。

59. 张金明：《地权变动下的乡村善治理念与机制创新》，《农业工程》2013 年第 1 期。

60. 甘庭宇：《农村社会结构变动下的乡村治理机制探索——基于成都市的观察与思考》，《农村经济》2012 年第 11 期。

61. 甘庭宇：《转型时期的乡村治理机制问题》，《农村经济》2014 年第 11 期。

62. 周庆智：《基于公民权利的乡村治理建构——对汉中乡村治理的制度分析》，《哈尔滨工业大学学报（社会科学版）》2014 年第 6 期。

63. 周庆智：《基层治理创新模式的质疑与辨析——基于东西部基层

治理实践的比较分析》,《华中师范大学学报（人文社会科学版）》2015 年第 2 期。

64. 周庆智：《基层治理：一个现代性的讨论——基层政府治理现代化的历时性分析》,《华中师范大学学报（人文社会科学版）》2014 年第 5 期。

65. 李慧凤：《制度结构、行为主体与基层政府治理》,《南京社会科学》2014 年第 2 期。

66. 任宝玉：《乡镇治理转型与服务型乡镇政府建设》,《政治学研究》2014 年第 6 期。

67. 朱启臻：《新型职业农民与家庭农场》,《中国农业大学学报（社会科学版）》2013 年第 2 期。

68. 唐鸣、陈荣卓：《论探索不同情况下村民自治的有效实现形式》,《当代世界社会主义问题》2014 年第 2 期。

69. 罗光华：《城乡治理体系的现代化与乡村治理能力塑造》,《当代世界与社会主义》2014 年第 6 期。

70. 邓维立：《农村法治中的农村社会组织参与及其有效保障》,《社会主义研究》2011 年第 5 期。

71. 丁煌、李新阁：《基层政府管理中的执行困境及其治理》,《东岳论丛》2015 年第 10 期。

72. 张康之：《论主体多元化条件下的社会治理》,《中国人民大学学报》2014 年第 2 期。

73. 王云飞、高源：《乡村治理主体系统化的建构及其策略》,《长白学刊》2015 年第 1 期。

74. 于建嵘：《社会变迁进程中乡村社会治理的转变》,《人民论坛》2015 年第 14 期。

75. 杨嵘均：《论正式制度与非正式制度在乡村治理中的互动关系》,《江海学刊》2014 年第 1 期。

76. 谢秋红：《乡村治理视阈下村规民约的完善路径》,《探索》2014 年第 5 期。

77. 徐晓全：《新型社会组织参与乡村治理的机制与实践》,《中国特色社会主义研究》2014年第4期。

78. 田雄：《虚置与重构：村民自治的主体缺失与制度干预——以苏北黄江县为例》，《南京农业大学学报（社会科学版）》2015年第3期。

79. 邱春林：《中国共产党农村治理能力现代化的路径选择》，《理论学刊》2014年第11期。

80. 张艳娥：《嵌入式整合：执政党引导乡村社会自治良性发展的整合机制分析》，《湖北社会科学》2011年第6期。

81. 张小劲、李春峰：《地方治理中新型社会组织的生成与意义——以H市平安协会为例》，《华中师范大学学报（人文社会科学版）》2012年第4期。

82. 罗维、孙翠：《乡村治理中的协商民主：发展瓶颈及深化分析》，《农村经济》2013年第8期。

83. 李松玉：《乡村治理中的制度权威建设》，《中国行政管理》2015年第3期。

84. 周功满、曹伟：《权力结构视域下的乡村权力监督——基于对村务监督委员会的考察》，《经济社会体制比较》2012年第3期。

85. 马宝成：《民主监督：农村基层民主的新生长点》，《国家行政学院学报》2011年第6期。

86. 贺雪峰：《乡村治理的制度选择》，《武汉大学学报（人文科学版）》2016年第2期。

87. 邹建平、卢福营：《制度型支配：乡村治理创新中的乡村关系》，《浙江社会科学》2016年第2期。

88. 王文彬：《功能指向型乡村治理机制研究：类型、逻辑与路径》，《青海社会科学》2021年第5期。

89. 宗成峰、朱启臻：《"互联网+党建"引领乡村治理机制创新——基于新时代"枫桥经验"的探讨》，《西北农林科技大学学报（社会科学版）》2020年第5期。

90. 《中共中央办公厅印发〈关于加强乡镇干部队伍建设的若干意见〉》，《人民日报》2014年9月26日。

91.《中办印发〈意见〉要求加强基层服务型党组织建设》,《人民日报》2014年5月29日。

92.《中共中央关于全面推进依法治国若干重大问题的决定》,《人民日报》2014年10月29日。

93.《中共中央 国务院印发〈关于加大改革创新力度加快农业现代化建设的若干意见〉》,《人民日报》2015年2月2日。

94.《中共中央关于制定国民经济和社会发展第十三个五年规划的建议》,《人民日报》2015年11月4日。

95.《中共中央 国务院关于落实发展新理念加快农业现代化实现全面小康目标的若干意见》,《人民日报》2016年1月28日。

乡村治理现状调查问卷

亲爱的农民朋友：

您好！乡村治理关系到每一位村民的切身利益，为了解当前乡村治理的现状，我们组织了本次调查，并按随机原则抽取了一部分村民作为代表进行调查，您就是其中一位。您的回答对我们非常重要，诚恳地希望得到您的配合。本次调查采用无记名方式进行，答案无所谓对错，只作统计使用，对您的回答我们将严格保密，请放心作答。占用了您的宝贵时间，在此表示诚挚的谢意！

填表说明：1. 请您在每个问题后适合您自身情况的答案序号上打"√"。
2. 如无特殊说明，每个问题只选一项答案。

1. 您的性别？

①男　　　　　　　　②女

2. 您的年龄？

①35 岁及以下　　　　②36—45 岁

③46—55 岁　　　　　④56—65 岁

⑤66 岁及以上

3. 您的文化程度？

①小学及以下　　　　②初中

③高中　　　　　　　④中专或技校

⑤大专及以上

4. 您是党员吗？

①是　　　　　　　　②不是

5. 您在村庄的身份是？

①普通村民　　　　　②村干部

6. 您村有乡镇政府派驻的干部吗？

①有 ②没有

③不清楚

7. 您觉得乡镇政府与村"两委"的关系如何？

①很好 ②一般

③不太好 ④不好

8. 您所在的乡镇政府会干预村委会选举吗？

①会 ②不会

③不清楚

9. 您认为乡镇政府对村委会选举的影响大吗？

①非常大 ②一般大

③不怎么大 ④不大

⑤不清楚

10. 从您村情况来说，您最希望乡镇政府发挥哪些职能？请选出您认为最重要的三项。

①搞好计划生育 ②组织村庄基础设施建设

③指导村委会选举 ④监督村"两委"工作

⑤为本村招商引资拉项目 ⑥抓好地方税收

⑦解决民事纠纷 ⑧丰富村庄文化生活，抓好精神文明建设

⑨其他

11. 您认为您所在乡镇政府最没能满足群众愿望的是哪方面？

①经济利益 ②政治权利

③公益事业 ④生态环境

⑤基础设施建设 ⑥其他

12. 您所在村的村委会主任和村党支部书记是同一个人担任的吗？

①是 ②不是

③不清楚

13. 您村村委会同村党支部的关系如何？

①很好 ②一般

③不太好　　　　　　　④不好

14. 您村干部同村民的联系多吗？

①多　　　　　　　　②不多

③没有联系

15. 您觉得您村的村委会能将村民组织起来吗？

①能　　　　　　　　②不能

16. 您村村委会在作出重大决策前有没有进行民意调查？

①有　　　　　　　　②没有

17. 您村土地有没有被征用的情况？

①有　　　　　　　　②没有

18. 在您看来，土地被征用，最大的受益者是谁？

①乡、村干部　　　　②乡镇政府

③村庄集体　　　　　④部分个人

⑤全体村民

19. 您觉得最理想的乡村干部是什么样的？

①管理民主　　　　　②为官清廉

③有权威　　　　　　④能带领村民致富

⑤其他

20. 您参与村委会选举吗？

①参与　　　　　　　②不参与

21. 上一届的村委会换届选举您参加投票了吗？

①参加了　　　　　　②没参加

22. 如果您参加投票了，主要原因是什么？

①投票是我的权利　　　②想选自己中意的干部

③接受其他人委托　　　④村干部要求必须到场

⑤别人都去我也去

23. 如果您没有参加的话，原因是什么？（可多选）

①选举只是形式，干部早就定好了，投票也没用

②谁当干部跟我没有关系　　③候选人中没有我想选的

④一票对结果影响不大　　⑤临时有事没能到场

⑥没人通知　　⑦其他

24. 村委会选举过程中您会劝说别人投或者不投某人吗？

①会　　②不会

25. 在选举村干部时您通常注重候选人的哪些方面特征？（请选出您最注重的三项）

①往届干部　　②家庭经济状况好

③村中威望高　　④办事能力强

⑤人品和德行好　　⑥大家族的成员

⑦有公心，愿意为村民争取利益　　⑧与上级关系好，能为村里拉来项目

⑨其他

26. 您认为您村民主选举执行过程中存在的最大问题是什么？

①串联拉票　　②贿选

③篡改选举结果　　④非法代替投票

⑤乡镇政府干涉　　⑥其他

27. 如果您发现了村干部的违法违纪行为，会怎样处理？

①与我无关，不过问　　②向乡镇政府反映

③越级上访　　④向村民代表会议提出

⑤用暴力手段解决　　⑥其他

28. 如果有重大公共事务需要作决定，您村的决策方式是怎样的？

①乡镇政府和党委直接指示　　②村"两委"共同作决定

③村委会决定　　④村支部作决定

⑤村民代表会议决定　　⑥村里其他组织决定

⑦其他

29. 您村村民代表会议能按照规定举行吗？

①能　　②不能

30. 您觉得您村的村民代表会议能履行责任吗？

①经常能履行责任　　②偶尔能履行责任

③从来不能履行责任　　④不清楚

31. 您村有村规民约吗？

①有　　　　　　　　　②没有

32. 如果您与其他村民有了矛盾纠纷，你会怎么处理？

①默默忍受　　　　　　②与对方沟通

③请村里干部调节　　　④请村里能人调节

⑤打官司　　　　　　　⑥暴力解决

⑦其他

33. 您村村务是否公开？

①全部公开　　　　　　②部分公开

③不公开

34. 如果公开的话，公开部分的内容是什么？

①村财务支出明细　　　②村集体土地使用情况

③计划生育情况　　　　④补助优抚情况

⑤其他

35. 一般采取什么方式公开？

①村务公开栏　　　　　②村务公开网站

③定期给村民发信函　　④召集村民代表会议公开

⑤其他

36. 您关注村务公开情况吗？

①关注　　　　　　　　②不关注

37. 您村最有权威的人是什么样的人？

①村干部　　　　　　　②各类组织的领导

③大家族族长　　　　　④离退休干部或教师

⑤最有钱的人　　　　　⑥最能干的人

⑦仗义执言的人　　　　⑧其他

38. 您村除了村委会和村党支部，还有其他农民组织吗？

①有　　　　　　　　　②没有

39. 如果有的话，是什么样的组织呢？

①合作社组织　　　　　②社区服务组织

③红白理事会　　　　④宗教组织

⑤老人会　　　　　　⑥文娱组织

⑦其他

40. 您认为农民组织在乡村事务处理中的影响有多大？

①影响很大　　　　　②影响一般大

③影响不大　　　　　④没什么影响

⑤不清楚

41. 您觉得农业合作社对村庄事务的影响如何？

①能提高社员收入，对村庄事务影响大

②能提高社员收入，对村庄事务影响小

③只能提高社员收入，对村庄事务没有任何影响

④不能提高社员收入，但对村庄事务发挥一定影响

⑤不清楚